教師はあきらめない

かけがえない生徒たちへ

三木 ひろ子

新日本出版社

目次

※本書では、登場する人物を一部仮名で表記しています。

はじめに――鶴川高校と私

東京都のある私立高校で、理事長が校長を兼任するようになってからの約一五年間、パワーハラスメントをはたらき続けている。パワハラは生徒たちにまで及び、学校の教育機能を阻害しているといっても過言ではない。教師に対するそれは「嫌がらせ」のレベルを超え、雇用主による人格権侵害や解雇権の濫用《らんよう》など、労働法規違反が問われる事態になっている。校長、学園側は、いくつものケースにおいて、最高裁判所を含む司法の裁きを受けているが、それを真摯《しんし》に受け止めることなく、パワハラや法律違反をむしろエスカレートさせている。

子どもたちの人格、生きる力を育む場の学校で、多くの生徒たち、教師たちが傷つけられてきた。それはパワハラであるだけでなく、学校教育の破壊でもある。こうしたことはあってはならないという立場でたたかい続けてきた著者をはじめとする教師の、現場からの告発が本書である。

パワハラ、労働法規違反は、今日、少なくない職場で起きている。労働者の泣き寝入りになってしまうケースも多いと聞くし、そうせざるを得なかった方の気持ちもわかる。一人ひとりの労働者には、生活もあれば、その力を生かして働く権利もある。それを阻害するパワハラは重大な人権侵害といわねばならないし、パワハラをはたらく者も含め誰も幸せにしない。

現場から声をあげ、労働者が生き生きと働ける職場にするための、多くの地道な努力の、その一端を私たちも担うという気持ちでとりくんできた。本書はその記録でもある。舞台となる鶴川高校の紹介から始めたい。

鶴川高校とはどんな学校か

私は一九八三年四月から、鶴川高校で国語の教師として勤務している。鶴川高校は東京都町田市にある女子高だ。小田急線柿生《かきお》駅からほとんどの生徒が徒歩で通学していて、二〇二一年には創立六〇年を迎える。

創立者の百瀬《ももせ》泰男氏は、渋谷を中心にタイピスト学校を何校も経営し、町田の地にも、鶴川高校、鶴川女子短期大学、鶴川短大付属幼稚園、東京商工経済専門学校（二〇〇九年頃に閉校）を設立。「愛は苦行である、だが人生最大の命である」という「愛の教育」を教育理念に謳《うた》ったが、生徒増の時期に大した設備も整えず、鶴川高校でも一クラスに六〇人近い生徒をつめこんだ。一九九〇年には全校生徒数が四〇〇〇人にものぼり、大いに利益を上げた経営者である。一九九一年に泰男氏が亡くなった後、長男の百瀬和男氏が後を継いだ。「キリスト教の信仰を基盤とし、高潔・清貧・愛徳の志を育成することを目的とする」と学則には記載している。

生徒たち

姉妹校である鶴川女子短期大学（現・フェリシアこども短期大学）に幼児教育学科があるため、保育士や幼稚園教諭になりたいという目的意識を持って鶴川高校に入ってくる生徒はもちろんいたし、中学では光が当たらなかっただけで、高校に来て熱心に学び、力をつけていく生徒も多くいる。

でも、偏差値によって「輪切り」にされる受験中心の中学校教育の中で選別され、自己否定感を強く持ち、心を傷つけられた生徒たちが少なくないのも事実だ。「中学までの学びに欲や魅力を感じなかった。勉強から逃げ、疎《おろそ》かにしていた」、こう書いたある生徒（二〇一八年度に卒業）は、周りに強いられ高校進学を決めたものの、進路面談中に教室から逃げ出したという。中学での成績を非常に悪く評価され、いわゆる「落ちこぼれ」「低学力」と見られがちな生徒で、こうした生徒が鶴川高校には少なくない（後述するように、鶴川高校では、そうした生徒が学ぶ面白さに目覚め学力をつけていった例も多い。この生徒＝相田美希さんのことも第5章であらためてふれる）。

このような状況だから生徒たちは、「自分は勉強ができない人間だ」という自己認識を持っている。授業に前向きに参加してもしょうがないと思っており、授業中は教師の存在を無視しておしゃべりに夢中になり、教室を出ていってしまう、というようなこともしばしばあった。

しかし、そういう生徒たちも、多くはそのままでいいとは思っていない。勉強をするための場所である学校に来ているのに、自ら勉強から遠ざかっている状態にあることは自覚している。そして何より、一人ひとりの生徒は、本当は勉強をわかるようになりたい、学びたいと思っているのだ。そのことに自分でも気づいていない生徒もいると思うが、教師が一人ひとりの生徒にていねいに向き合って、生徒の思いをすくいとり、支援をすれば、学びに向き合うように生徒が変わるということも、少なくない。

授業料が安いこともあり、家庭環境や生活面、経済的な状況などの困難を抱えている生徒も多くいる。ひとり親家庭で、親がダブルワーク、トリプルワークをしていたり、生徒がアルバイトをして自身の定期代、携帯電話代はもちろんのこと、家計を支えることも増えてきている。外国籍で日本語の読み書き、コミュニケーションを取ることに援助が必要だったり、保護者が日本語を話せなかったりする場合もある。

何日も登校できないでしばらくぶりに来た生徒から、「定期券の期限が切れて交通費がないので来られなかった」と言われたこともあった。入学早々、教科書やジャージがすぐには買えず、学校から借りてしのいだ生徒。昼食に安いキャベツをまるごと持ってきて生のまま食べていた生徒。アルバイト先のコンビニから廃棄するおにぎりをもらって命をつないでいた生徒。虐待されているある生徒が、母親に「アロンアルファで手をくっつけられた」と話してくれたこともあった。父親のDVから母とともに逃れて、シェルターから通学していた生徒もいた。「お店でお話をするだけでお金がたくさんもらえる」という怪しげなアルバイト、おそらく「JKビジネス」に巻き込まれて退学した生徒。母が、交際している男性の元に行ったきり何日も帰ってこないので、何も食べず、電話も止まっていて連絡がとれなかった生徒。

中学時代に壮絶ないじめに遭い、鶴川に来たことを「もう二度とあんな目に遭わなくてすむのが嬉しい」と言った生徒。小中学校の教師に面と向かって差別的な暴言を吐かれ、「その時は何を言われているのか何も考えられなかった」と書いた生徒。

よくここまで生きてきたね、よく学校に登校してきているね、と思うようなことが、創立以来今までずっと、鶴川高校の生徒の現実の一部として存在した。

周囲と関わりを持つことが苦手だったり、学習をする上で支援が必要な発達障がいの生徒も少なくない。人は誰もが何らかの発達障がい傾向があるとされているが、それが特に強く出るのは男子に多く、女子にはその傾向が低いそうだ。だから、中学校では女子ではたった一人だけ発達障がい傾向が強いと言われ、友だちが一人もできなかったという生徒もいる。そんな生徒が、他の中学校から入学してきた、同じような状況の発達障がいの生徒と出会い、初めて友だちができる。自分の困難さを痛みを伴って理解してくれる人との出会いだ。ある生徒は、そんな友だちのことを「私の神様」と呼んだ。生まれて初めて自分の「居場所」ができ、「鶴川に来てよかった」と言って卒業していく姿を私たちは数え切れないほど見てきた。

鶴川の生徒へのリスペクト

私が二四歳の時、初めて担任を持ったクラスで、生徒たちが六月頃、「学校がつまらない、嫌だ」

鶴川高校のあじさい門（多くの生徒が使用する）

と口々に言った。よくよく理由を聞くと、小田急線の中で他校の生徒たちに「あ、くさったミカンが来た」と言われるという。鶴川高校は、他校の生徒たちから、「ヤンキーの学校」「落ちこぼれた子たちが行くところ」などと見られていて、心ない言葉を投げつけられることがあるのだ。鶴川の生徒だと知られたくなくてリボンを隠したり、鞄を変えたりした生徒もいた。泣きながらみんなでそんな話をした後、ある生徒が言った。「でも私たちの方が、他校の生徒より上だと思う。あの子たちは、私たちがどんな思いをしているか知らない。でも私たちはその痛みを知っている、だからその分、人としては上なんだよ」。

二五歳の時に教えた、確か三年生商業科のクラスだったと思う。当時、私の八つ年下の妹が、小学校時代からいじめに遭い、不登校になり、やっと入学した高校でも不登校が再発して苦しんでいた。生徒たちは妹と同い年。それで、そんな話を授業の合間にちょっとしたのだと思う。そうしたら、あるリーダー格の生徒が、こう言ったのである。「じゃあ、先生の妹、うちの学校に連れてきなよ。うちの学校はいいやついっぱいいるよ。絶対学校来れるようになるよ」。

なんだか胸が詰まった。入学して三年間過ごす中で、自己肯定感を得て、グループや波長が違う生徒たちともすごく密度濃く仲良くなり、自分たちのことが誇りに思えている発言だった。「そうだね、ありがとう」。私はそう言いながらこの子たちは何て素敵な子たちなんだろう、と思った。

私が鶴川高校の生徒たちをリスペクトした原点がそこにある。そういえば、いろんな事情で辞めていった同僚たちも、「鶴川の子たちは特別なんだよなあ」とよく言っていた。高校にたどりつくまでに、いろんな境遇にさらされ、人一倍、人の痛みがわかる、優しい、人なつこい子が多いように思う。

教師集団はどう向き合ってきたか

そんな中で、私は職場の仲間と共にここでの教育に情熱を注いできた。この三十数年、どんなときも、ここで誠実に働く教師たちは、そんな生徒たちの魅力にとりつかれてきたように思う。自分がつらい体験をしているから彼女たちは温かく、辛抱強く友だちの困難を支える。学びから遠ざけられていたからこそ、本当の学びの楽しさを知ったとき、水を得た魚のように真摯に学びと向き合う。彼女たちは、受験に関係あるかとか、損か得か、というような打算ではなく、本物の、心を揺さぶられるような授業に出会ったとき、それに大きく応えてくれる。そして何よりも、人なつこく、教師とも友だちとも密度濃く関わっていく。

彼女たちの困難は彼女たちのせいではなく、日本の社会の矛盾や環境の不遇さによるのだから、なんとかそれをはねのけて成長させたいという、湧き上がるようなやりがいが鶴川の教育にはあった。だから私たちは個々の生徒のことについて、たくさんの意見交換をしながら実践してきた。

何より、生徒たちが大きく飛躍する、たくさんのそんな瞬間に立ち会ったことが、私たちのここでの教育活動の手応えにつながっていた。

特に生徒たちの拒否反応の強い科目である数学。入学当初はまず中学の復習から始め、生徒たちの苦手意識を取り除く。そして毎時間、前の時間に学んだことの復習テストから始め、論理をわかりやすく提示した授業を積み重ねる。その結果、一学期の中間テストで、中学校では取ったことのないような高得点を取って生徒たちは感激する。「苦手だと思い込んでいただけで、実はできる、わかるんだ」ということに目覚めた生徒の中には、「勉強が楽しくてたまらない」という生徒も出てきた。

小中学校での体育の嫌な思い出や不登校などから、「体が閉じて」いて体育が嫌いな生徒はとても多い。体育科の教師たちは、そんな生徒たちの実態を把握するために新体力テストに取り組み、「体づくり」というオリジナルのカリキュラムをつくった。この授業では、どの生徒にも自分の体を見つめ、体を動かし運動することの楽しさを体感させていくのだ。それをベースに三年生の「ダンス」では壮大な表現活動にとりくんだ。体育は苦手ながら、ダンスリーダーとして体育祭の鳴子のダンスを大成功させた二〇〇四年度の生徒は、最初なかなかうまくいかなかったが、自分が頑張ることで伝わるものがあるのではないかと思い直す。彼女は、「次第にクラスはまとまり、全体練習を積み重ね、わがクラスは、実力順で決まった前の四列になることができました。本当に誇らしかったです」と書いた。

人前で歌うこと、弾くこと、表現することの喜びに出会わせる音楽科。音楽が嫌いだった生徒も、苦手な歌や演奏の発表を生まれて初めて逃げずにやり遂げていく。教師がどこに気をつけたらいいか細かくアドバイスし、粘り強く励ます中で、自分が堂々と表現できた時の喜びは何ものにも代えがたい。その生徒は「この一年間を通してきて、苦手だった音楽が大好きになりました」と言うまでになる。

これらはごく一例だが、それぞれの教師の個人的な取り組みだったり、複数の共同作業だったり、科としての取り組みだったりした。

文化祭のひとコマ（2012年）

国語は生きる力そのもの

私が所属した国語科は、入った当初から基礎学力三か年計画を立てて取り組む風土があった。私たちは、国語力はすべての基本、生きていく力そのものだと考えた。なぜなら、学力面でサポートが必要な生徒たちほど、どの教科においても、まず書かれた文章を読み、理解し、そこから思考を始める力が必要で、それなくしては学力をつけていくことはできないからだ。国語力を身につけることこそが、他の教科での実力をつけることの支えだし、それは卒業後に自立して生きていく力そのものなのだ。そうした観点から、どうしたら生徒たちに力をつけられるか、常に話し合い、交流し、必ずその年度の総括の文書を出してきた。授業内で漢字テストに合格できない生徒の追試や、作文やノートなどをやり遂げられなかった生徒の補習を、学期ごとにていねいに行ってきた。

こうした「風土」もあって、後に、生徒たちが自らテーマを探しながら国語力をきたえていくような授業も実現するに至った。そのことは第5章で詳しく紹介しよう。

とはいえ、新米教師時代の私はといえば、新任一年目、まず途方に暮れていた。二二歳で初めて持った三年生の授業は全く成り立たなかったからだ。休み時間なのか授業中なのかわからないほどおしゃべりし続ける生徒たち、教科書を開ける生徒は誰一人おらず、授業は「崩壊」状態だった。年度の終わりに、生徒たちから色紙をもらったのだが、「先生はかわいいね」「早くお嫁さんになってね」というようなことしか書かれていない。その時、「生徒に色紙をもらうなら、絶対に授業のことを書かれる教師になろう」と、悔しさをかみしめたのを覚えている。

外見的に威厳のない私が、そのためにいつしか編み出した方法は、「決してあきらめずに生徒の面倒を見続けること」だ。

就職して二年目、古典を教えていて、教室では「うるせ～な」とか「うざいから寄るな」などの暴言を吐き続けていた生徒を放課後補習に呼んだ。すると授業の時とは別人のように、一生懸命にわかろうとして机に向かっている。その変化に私は衝撃を受けた――虚勢を張っているけれど、本当はわかるようになりたいんだ、できるようになりたいんだ。今まで、できないことに傷ついていたためにあんなふうに「毒」を吐いていたんだとわかった。その時から私は、決してあきらめずに生徒の面倒を見続けることを堅く心に決めた。補習になかなか現れない生徒の自宅に、毎日のように「待ってるよ」と留守番電話を入れ続け、一週間後にとうとう現れた彼女は「だって先生が夢でベランダに立って私を見てたんだもん。やっぱりやらなくちゃな、と思って来たよ」と言った。

やがて私は、「鶴川高校で一番しつこい先生」と言われるまでになった。二年生の時に国語表現という授業の中で生徒たちが行う「仕事、生き方インタビュー」（働いている人に、その職業や社会生活について話してもらい、それを文章化しまとめる学習）で、私にインタビューしたある生徒は、「三木がストーカーになったわけ」というとんでもないタイトルを付けたが、生徒からもしつこいと見られていること自体は、十分自覚していた。

小学校、中学校で見捨てられ、自分でもあきらめてきた生徒たち。ていねいに向き合えば、本当はこんなにできるようになるということを知ってほしい――そんな思いで毎年関わってきた。漢字を覚えたり書くのが極端に苦手で、だからこそ逃げ続けていた生徒たちは、長い時間をかけて漢字の小テストの追試で満点を取った。「あたし、漢字で満点取ったの生まれて初めてだよ」「これをお母さんや担任に見せる！」「額に飾って取っておきたいよ」と彼女たちは口々に言った。

そんな生徒たちを前に、どうしたら国語の楽しみに触れられるだろうと、いつも工夫し、考え、思いつく限り、あらゆる試みをしてきた。それと並行して国語科の中で議論を重ね、「本当の国語力とは何か」という問いに至った私たちは、一九九四年度に、教科書を使わないオリジナル科目「実践国語」を立ち上げた。定期テストに縛られず、生徒が主人公となる国語、本当に国語力をつける時間をつくろうと、「読む」「聞く」「書く」「話す」を通して、主体となれる学び——講義形式の一方的な授業ではなく、生徒が表現したり意見を述べたり、という能動的な活動——をどうしたらつくれるか、国語を学ぶ喜びにどうしたら出会えるかを話し合ってつくり上げた科目である。準備のため、前年度には、常勤の国語科全員が週に一度、放課後集まり、一年間かけて話し合いを続けた。「総合的な学習の時間」というカリキュラム（二〇〇〇年度から全国の小・中・高で導入）ができるずっと前から、私たちは、生徒が主役の授業を考えてきたのだ。この「実践国語」で取り組んできた新聞スクラップノート、シナリオ読み、討論、意見文、生き方インタビュー、新聞づくり、読書スピーチや読書紹介などの実践は、さらに深めて新たな教科へ引きつがれている。

私が担任したある生徒で、そうした取り組みの中で、国語の学びに目覚め、三年次には年間八〇冊を超える読書記録を書くようになった生徒がいる。彼女が卒業前に中学校に行って、「進路はこの大学に決まりました、と言ったら、信じてもらえなかった」そうだ。「だってあんなに勉強嫌いだったじゃない。本当に？」と言われたという。鶴川高校には、彼女のように勉強の楽しさに目覚め、自分を大きく成長させて社会に出て活躍している生徒たちがたくさんいた。

かけがえのない特別なつながり

授業以外の場でも、私たちは生徒とたくさんの関わりを持ってきたし、その中にはさまざまなドラマがあった。ある時期は、一学年から三学年までほぼ同じ教師たちの担任団が持ち上がり、しかも二学年から三学年へはクラス替えなしで、二年間同じ教師が担任となるという、しっかりした学年集団が確立していた。私も二サイクル、三年間持ち上がりで卒業生を出したが、二年間同じクラスで過ごす中で、生徒たちは並大抵ではないつながりを持ち、成長していった。

たとえば一九九六年度に担任した三年六組。四月から文化祭への取り組みを開始したが、当時は文化祭に呼べるのは家族だけで、他校の友人などを呼ぶことを禁じられていたため、「やっても意味ないよ」というムードが蔓延《まんえん》していた。だが何かをなしとげた達成感を味わってほしい。その時に思い出したのが、二年時の三学期、体育の創作ダンスの授業で活発に活動する姿だった。「この子たちは踊りが好きなのでは？」それをヒントに、中央委員（クラスの代表・学級委員のことである）、文化祭実行委員プラス・アルファの核になるメンバー七人で話し合い、「今までやったことないことをやろうよ」とクラス全員でダンスに取り組むことを決めた。でも一か月たってもなかなか準備は進まず、また七人で議論する。「クラブっぽい雰囲気にして、踊りたい人が適当に踊ればいいんじゃない？」「だめだよ。全員が踊るっていうのがこの企画のコンセプトだったはず」「じゃあ、あたしたちで一つオリジナルのダンスをつくる？　そうしたらみんなついて来てくれるかも」。

中心メンバーは遅くまで何日も残って振り付けを考え練習していく。六月末に披露したそのおしゃれなダンスを見て、みんなの気持ちに火がついた。クラス全員がチームに分かれてダンスに取り組み始め、中心メンバーがフォローに入る。当日は特別教室に入りきれないほどの観客で大盛況。ヒップホップあり、アニメソングダンスあり、はやりのダンスのコピーあり。「このクラスには友だちがいない」と二年次から言い続けていた生徒もいて、結局彼女は一人でパラパラを披露したのだが、それはクラスみんなの応援の中でのパフォーマンス、温かい空気の中で本人も楽しげ、かつ、誇らしそうだった。

中心メンバーの一人は、「あんなにもたくさんの、たくさんの人が見に来てくれてすごく感動しました。あの一瞬のために皆ががんばったこと、自分ががんばったこと、絶対に私は忘れたくないです」と書いた。彼女たちの感動は、楽しい高校生活を自分たちの手でつくったという「奇跡」を共有できた喜びである。

そしてそのつながりはとても強くなっていく。二年時から問題行動を繰り返し、三年の二学期の終了を待たずにとうとう退学してしまった生徒がいたのだが、それを私がクラスの皆に伝えた日の日直日誌にはこう書いてあった。「二年の頃に比べると日を重ねるにつれて少しずつ少しずつクラスの中が深く濃くなっていくのを心と体で一杯に感じて、いつしかこのクラスがなんだかとてもいごこちが良いところに思えるようになっていました。私はこのクラスが、このクラスの一人一人が、そして先生がとても大好きです。そんな大切なクラスの一人を失うことは悔やんでも悔やみきれません。……卒業記念会でクラス全員で舞台に立てなくなってしまったのはとても寂しいけれどAちゃんの分も私たちは精一杯頑張り、成功させようと思う。だから先生、一人でそんなに苦しまないで。きっと私たちでAちゃんにしてあげられることがあるはずだから、みんなで考えよう、そして乗りこえよう」。痛みのわかる生徒たちだからこそ、共に苦労したことからくる結びつきは強い、特別なものだ。クラスを去っていく生徒や担任の私のことまで気遣う言葉に私は胸打たれた。

そしてこうした例は、私のクラス以外にも複数存在していた。

盛んだった部活動や課外活動

部活動も盛んだった。体育系、文化系を問わず、部活に熱心にとりくむ生徒が多かったのは鶴川高校の生徒の一つの特徴といえる。私が入った一九八三年度で、卓球部は東京都ベスト一六位。卓球部に入るために鶴川高校を目指す生徒も多くいたほどだった。その後一九九〇年代～二〇〇四年度まで、運動部ではバスケットボール部、バドミントン部、ソングリーディング部などが熱心に活動し、大会でも成果を上げていった。文化部では、演劇児童文化部、影絵部、ＪＲＣ（日本赤十字社）部、音楽部など、生き生きと活動する姿がたくさん見られた。

生徒会は、一九八八年度から文化祭で生徒会本部特別企画に取り組み始め、後夕祭を実現した。後夕祭は、有志の生徒たちが、歌やダンス、演奏などを披露し、とても盛り上がる企画である。クラスごとの文化祭での企画も、ダンスあり、劇あり、展示ありと活気に満ちていた。体育祭では学年対抗の応援団やマスコット係の活動も盛んだった。生活委員会（＝過ごしやすい学校生活を送るために皆でルールを守ろうと促す委員会活動）は年間を通して、駅前や裏門での挨拶運動に取り組んだ。生活指導のシステムも確立していて、問題行動があると教師が集団的に動いて生徒たちから事情を聴き、十分な吟味の後、生徒の立ち直りにふさわしい謹慎などの反省の期間が設けられた。失敗しても自分を見つめ直す機会があり、その中で生徒たちは成長することができた。

鶴川高校の生徒たちは、困難を抱えているが、おとながしっかりとサポートしつつ、その自主的なエネルギーを尊重すれば、自分を変え、仲間とともに壁を越えていくパワーの持ち主だと思う。それが四〇年近く彼女たちを見つめ続けてきての実感だ。

中学校の先生からは、「鶴川高校に足を向けて寝られない。面倒見のいい学校」と言われてきた。中学校訪問に行くと、「一体どんな魔法を使って、こんなに素敵な生徒たちに成長させたのでしょう？」と感動を持って迎えられることがしばしばだった。

私と演劇・児童文化部との出会い

先に述べたように、私は一九八三年四月より鶴川高校の教師となった。国語の教師としての私の教育実践については後の章でもふれるので、ここでは、私自身が関わった、鶴川高校の生徒たちの素晴らしさを示すエピソードを紹介しておきたい。演劇クラブ（必修クラブ）、演劇・児童文化部（部活動）のことである。

一九八三年当時は、授業の一環として週に一時間だけ、必修クラブの時間というのがあり、特別な経験も技術もない私は、軽い気持ちで演劇クラブを引き受けた。そこには三〇人ほどの演劇好きな生徒たちが集まってきた。生徒たちは、「基礎訓練がしたい」とか「劇をやりたい」とか口々にいろいろな夢を語っていたと思う。しかし、新任の私はただおろおろするばかり。彼女たちに何をやりたいか聞いているだけで、いたずらに毎週時間が過ぎていってしまった。

台本を持ってきて読み合ったりもしたが、指導力量がないため、今ひとつぱっとしない。二学期、そんなことへの不満がくすぶる中、使用している教室でクラブの生徒たちが抜き取りをし（確か、お金と正露丸だったと思う）、盗難事件となった。生徒たちは一人ひとり取り調べを受け、本当にいやなムードになり、三学期は私も含め、クラブの全員が演劇クラブの時間を嫌いになった。早くこの年度が終わればいい、とただそれだけを考えていたと思う。

それに懲りた私は二年目、「演劇クラブはやめて、作文クラブにします」と希望を出した。作文なら、それぞれが一人ずつ書いていればいい。演劇のような失敗をせずにすむ、そう思ったのだ。しかし、先輩教師の森本由紀さんから烈火のごとく叱られた。「何を言ってるんだ。だめだ！　もう一度、演劇クラブをやりなさい。そして、このクラブは文化祭に出ると宣言し、目的を持って臨むんだよ！」と。森本さんは当時四〇歳。「あの」卓球部の顧問であり、私が着任当初から尊敬していた方である。私はしぶしぶだったが、ここで逃げたらやはり駄目だと思い直し、二年目の必修クラブも演劇に。二年目のこの年、演劇クラブには昨年度いた生徒は一人もいなかった。

新しい生徒たちとの出会いの日、私は覚悟を決めて所信表明した。「私は、今年は演劇クラブに全てをかけてるから。このクラブは文化祭に出ます！」　すると、四人ほどいた三年生のヤンキー生徒のうちの一人が、「おもしれーじゃん」と乗ってきた。ある一年生の生徒は、中学の時にやった「遙かな森に光満ちる時」という妖精の物語の台本を持ってきた。こうして劇の稽古が始まった。もちろん、指導などほとんどできない、でも生徒たちは劇遊びを楽しんだ。

だんだん文化祭が近づくと、授業内のクラブなのに、放課後も練習しよう、でないと間に合わない、ということになるが、集まりが悪い。無理もない、部活動ではないので放課後拘束されることに慣れていないのだ。でも、そうすると、ヤンキーの三年生たちが、サボった一年生のクラスに押しかけ、「なんで練習に来ないんだよ！」と脅して「絞めて」しまう、というひやひやする場面もあったりした。

この年は文化祭が二日間あり、生徒たちは二回も舞台に上がって上演。学芸会に毛の生えたようなお粗末なものではあったが、終わった後、「すごい楽しかった」と口々に言っていたのが忘れられない。普段は着ないきれいな衣装を身に着けて舞台に立って、皆から見られる、という体験は無条件で彼女たちを生き生きさせた。

こうして私は、三年目も、演劇クラブを続けることにした。やはり一年生の生徒が中学校でやったという、「戦争は終わらない」。広島での原爆をテーマにした、すばらしい台本だった。鶴川第二中学校に勤務していた照屋洋さんが書いた反戦劇であり、照屋さんが前任の中学校で上演したときに教え子だった生徒が、その時の鶴川高校の生徒の中にいた。そのつてで、照屋さんにじきじきに指導していただいたり、音響資材もそっくりお借りしたりした。

この劇は本当にすばらしく、生徒たちはどんどん集中していった。放課後の練習にも熱が入る。何よりすごかったのは、ラスト二〇分。たった二人だけのシーンなのだが、その間中、二〇人近いクラブの生徒たちがみな一言もしゃべらず集中し、練習なのに、毎回泣くのである。

私は、これは何だろう、と思った。この空間を共有している喜び、それは味わったものにしかわからない魅力だった。この反戦劇は、文化祭での上演の後、「思想的に問題がある」と当時の教頭から攻撃されるなど、いろいろなこともあったが、私が演劇に関わり続けたい、と本気で思うようになった原点である。

四年目の一九八六年、私は演劇部の顧問になった。その年、私はクラス担任からも校務分掌からもはずされていた事情もあって、この部活動に全てをかけて力を注いだ。

自分自身でも演劇の勉強を始めようと、七月には京浜協同劇団の研究生となった。夏には演劇部の生徒を連れてひそかに奥多摩で合宿をしたり、ともかく毎日生徒たちと活動した。しかし、勤めて五年目、妊娠・出産を機に、産休明けにはもう演劇部には戻らせてもらえなかった。そこで、有志の生徒と朗読を稽古し、老人ホームで発表したりした。

一九八八年、私は児童文化部の顧問となる。人形劇・児童劇が活動の中心である。七月に初めて「かわさき市民プラザ人形劇祭り」に行き、人形劇の講座を受けて勉強する。川崎市に拠点を置く

劇団ラニョミリの公演「歌わせたい男たち」に主演した時の著者（撮影：駒ヶ嶺正人）。個人的にも演劇を深めている

人形劇団「ひとみ座」の方たちにアドバイスをいただきながら、その後、長い間児童文化部の顧問として、からくり人形を作成したり、「かわさき市民プラザ人形劇まつり」、「多摩人形劇祭り」、神奈川高校生児童文化発表会、近隣の小学校、保育園、幼稚園など、さまざまなところで上演活動を行ってきた。

一九九七年、当時の演劇部顧問だった方が病気でお亡くなりになり、演劇部を廃部にする、という話になった。それは忍びない、と私は思い、児童文化部と合併して一つの部とすることを学校に提案し了承された。演劇・児童文化部の誕生である。そして演劇をやりたくて入ってきた生徒たちが三年生になる年一九九九年度、初めて高校演劇にオリジナル作品の演劇でチャレンジして、地区大会に出場することとなる。

東京都高校演劇連盟でお世話になっていた東海大付属高輪台高校（当時）の久保田邦明さんは、「先生のところは、人形劇をやっているっていうのが珍しいから、人形劇をやっている子どもたちの物語にしたらどう？」とアドバイスしてくれた。「蹴込《けこ》みや袖を使って、黒子《くろこ》をつけて人形劇をやるのは新鮮だと思うよ。但し、上演時間六〇分のうち、人形劇の上演は一〇分ね」。そこで、生

99年11月、高校演劇の都大会に出場した演劇部

徒たちと私は、書いたり消したり、切り貼りしたりしながらオリジナル台本を作成していった。その作品が一〇月の地区大会で、なんと東京都大会に進む作品として選出される。選ばれるのは都内一三七校中一三校の演劇部だけ。快挙だった。地区大会の講評では、「等身大の子どもたちが見えた。そのリアルがとてもよかった」と言われた。

そして都大会の会場は池袋芸術劇場中ホール。上演順のくじで、一三校中のトリになってしまい、直前の作品以外の一一校の芝居を観たのだが、あまりのレベルの高さに私は、ここでうちもやるのかとガタガタ震えてしまった。

だが、生徒たちはむしろ落ち着いていた。休憩時間中、トイレで他校の生徒に「なんで鶴女がこんなところに来てんの?」と言われた鶴川高校の演劇部員は、「『は？　演劇好きで来てるんだから関係ないじゃん』って言い返してやった」と言っていた。演劇は、その世界に入り込んだ者に想像以上の力を与えるものなのかもしれない。

そして本番。鶴川高校の演劇部員たちはみな、自由にのびのびと演じきり、観客の心を完全につかんだ。結果は何と、一三校中四位の成績。トイレで他校の生徒に言い返した彼女は、「あいつらに勝ったね、あたしたち」とほほ笑んだ。

＊

以上は、私の周辺の体験から見た、二〇〇四年度までの鶴川高校の姿である。もちろん、この時期、あとで述べる教職員組合への差別など、学校に全く問題がなかったわけではない。それでも鶴川高校は、生徒にとって、卒業生にとって、保護者にとって、中学校の先生たち、近隣の方々にとって、そして私たち教職員にとっても、とても大切な、愛すべき学校だった。

第1章　異変、生徒たちの悲しみ

1　クラス担任がはずされる

　そんな愛されてきた鶴川高校に、しかし二〇〇五年度以降、大きな異変が起きていった。これがこの本の主題である。まず二〇〇五年四月、多くの教師が一斉にクラス担任をはずされるという事態が起きた。

　もともと鶴川高校では、クラス担任などの人事は校長室（校長・副校長・教頭で構成されている）による任命制で、一切の希望は聞いてもらえなかった。年度末に、次の年度の各学年のクラス担任一覧が貼り出され、新年度の職員室の座席表が、各自の机に配布される。それを見て、みな机ごと職員室内での「大移動」を開始するのである。この日をもって退職する先生の座席はなくなるということになっていた。

　「はじめに」で書いた、鶴川高校が様々な問題を抱えながらも、様々な教育のための努力がそれなりに可能で実を結んでいた頃には、進級時に、学年主任ともども、クラス担任はほとんどが持ち上がるのが慣例だった。鶴川高校の場合、サポートの必要な生徒たちが少なくない中で、生徒一人ひとりをきめこまかく把握・理解し、系統的で一貫した支援・指導を保障するために、このやり方は意味があったと思う。現に、教師が丁寧に接して支援すれば、生徒たちの生活は落ち着き、学力を地道につけていけることがしばしばで、生徒たちの教師に対する信頼も培われていった。

そうした時期にも、部分的に、学校側からの嫌がらせ、あるいは見せしめとしてクラス担任がはずされることはあった。すでにふれたが私自身も経験がある。二四歳で一学年のクラス担任を持ったが、一年後に担任をはずされた。はずされた直後に、ある教師から「この学校でクラス担任をはずされるって、どれだけ無能だと思われているかわかる?」と言われた。私は「厳しい指導ができず、教師としての力がない」というレッテルを、学校から貼られたように感じていた。

担任した生徒たちは、「あたしたちが悪い子だったから、先生は担任はずされちゃったんだね」と言い、自分たちが二学年になって九州に修学旅行に行く際、「先生、かばんにつめて旅行に連れて行ってあげたいよ」と言ってくれた。後で詳しく述べるように、この嫌がらせの背景には、当時私が、教職員組合員の教師たちと親しくしていたということもあったと思われるが、その時担任をはずされたのは私ともう一人だけだった。

しかし二〇〇五年度は、一斉にかなりの人数の教師がはずされたのだ。三月末日、毎年のようにクラス担任の一覧表が貼り出されると、職員室にざわめきが起きた。ついこの間の終業式まで自分が担任していた生徒たちのいるクラス。そこに目を走らせた教師の多くが、自分の名前を見つけることができなかったからである。私もその一人だった。三つの学年の合計二一クラス中、前年の担任がはずされたのが八クラス。こんなことは前代未聞だった。しかし、校長室からは何の説明もない。

驚き、悔しさ、無力感、怒り、不安がいりまじるような思いで、私たちはその一覧表を見つめていた。私がクラス担任をはずされたのは二年六組。生徒たちと共に三学年に持ち上がることはできなかった。

二年六組は、内向的で関係性をつくることが苦手な生徒が多いクラスで、居心地のいい自分の居場所をつくるのに時間がかかったり、苦しいときを過ごした生徒が何人もいた。それでも、一緒に二泊三日の研修旅行に行き、文化祭の班活動に取り組む中で、徐々に徐々になじんでいった。過年度生（留年した生徒）で、拒食・過食を繰り返し、重い不登校傾向のあったある生徒には、保護者と一緒にカウンセリングを受けさせ、休みがちな登校を励ました。その彼女が、二学期後半に彼女と全くタイプの違う、どちらかというと野性的な生徒と本当の友人になったのだ。言葉はぞんざいだが、根が優しいところが彼女の心に触れたのかもしれない。笑顔が見られることが多くなり、ぎりぎりで進級を手にすることができた。

かたやその野性的な生徒は問題行動を繰り返すのだが、クラス全体が丸ごとそれを許しているような雰囲気があった。生徒たちは、問題行動の奥に潜む寂しさや痛みを本能的に感じ取っていたのだ。

だから気がついたときには、「このクラスは、なんと温かい気持ちの人が多いクラスなんだろう」と、私もこの空間にいるだけで癒《いや》された。ホームルームで、「夜回り先生」のビデオを観ながら一緒に泣き、夜回り先生の「いいんだよ」という受容のメッセージに共感したこともあった。一年時から続けて担任したある生徒は、家出をして気をもませたこともあったが、卒業の時に私のことを「ぶっちゃけ、学校のお母さんだった」と書いてくれた。

しかしそんな彼女たちをあと一年見守りたい、という私の思いは、担任をはずされたためかなわなかった。なぜこのようなことになったのかは、その後も説明はない。しかしはっきりしていることが一つある。それまで学園の理事長だった百瀬和男氏が、この年の四月、つまり翌月から校長に就任することになっていたということである。校長は教学全般の責任者であり、授業・カリキュラムの内容や学事日程はもちろん、生活指導、部活動など課外活動、そしてそれらを担う教師の人事などに対し決定権を持っている。担任はずしに百瀬新校長の意向が働いていることは確かだった。

この章の最後で述べるが、百瀬氏は教職員組合をひどく嫌っていた。当時鶴川高校には上部団体の違う三つの教職員組合が存在した。そのどこかに加入する教師は全体の半数近くいて、教師の労働条件や雇用の改善を学校側に求めて運動していた。それは、すなわち鶴川高校の教育条件の改善のための要求でもあった。もともと、仕事に情熱を傾け、生徒たちをきめこまかく指導・支援する教師たちが、教育を充実させるために、労働環境の改善を求めて組合を結成していたのである。

百瀬氏はしかし、それを理解しようとはせず、単に自分に対立する存在としてしか組合をとらえていなかったというのが、長年の私の実感だ。二〇〇五年四月にクラス担任をはずされた教師たちの大半も、三つのどれかの教職員組合に所属していた。

クラス担任をはずされた教師は、慣例として、非常勤講師のいる講師室に移動させられた。しかしこの時は、続けて二〇〇六年度にもさらに多くの教師がはずされ、クラス担任を持たない教師たちが多かったため、非常勤講師のいる講師室とは別に担任を持たない教師たちだけの「第二職員室」がつくられ、そこに移された。この第二職員室の扱いも差別的なひどいもので、やがて新聞で報道されるようになるのだが、それはまたあとでふれよう。

二〇〇五年春のできごとは、しかしクラス担任はずしだけではなかった。この年度の半ば、影絵部とJRC（日本赤十字社）部という二つの部活動への活動規制、顧問はずしも強行されたのである。それを皮切りに、次年度にも部活の顧問はずしや活動規制が次々と進められていった。それは実質的に、学校による部活つぶしだったといっていい。きわめて異様なこの問題を、次に節をあらためて述べたい。

2　部活の顧問はずしと部活動つぶし

「バカなんだから部活なんてやらなくていい」

二〇〇五年四月、地域の子どもたちのために影絵劇を上演してきた部活動である「影絵部」の「顧問」の結城利江子さんは、いつものように外部活動への生徒引率の出張願いを出し、副校長、特別活動部長（部活動・学校行事などの責任者）の許可印をもらった。しかし、この後、異常な妨害が始まったのである。まず校長室が結城さんを突然、顧問ではなく「指導員」に格下げした。結城さんだけを格下げするのは説明がつかないからか、他の部活の顧問の多くも「指導員」とされた。この格下げの発表とともに、外部活動は顧問が行い、指導員は内部でコーチ的役割を行う、という新しい方針が提示された。

これによって、すでに許可印が出ていたにもかかわらず、「顧問」ではなくなった結城さんは、出張して部員たちを引率することができなくなったのである。

結城さんは私と同年代の数学教師で、生徒に向き合う教育実践を共に進めてきた親しい仲間である。彼女はクラスの文化祭出し物として上演した影絵を部活動にし、二〇年来活動してきた。私は児童文化部の顧問だったので、二つの部は子どもたちに劇を見せるという共通点から、活動の幅を一緒に広げていった。児童文化部は人形劇を、影絵部は影絵劇を、長年多くの場で子どもたちに観せて喜ばれており、鶴川高校の看板といってもいい部活動だった。

出張願いの対象となる外部活動の中には、たとえば「かわさき市民プラザ人形劇祭り」というものがあった。これは川崎市からの助成金を得て開かれるイベントで、川崎市民プラザという施設で毎年夏休み中の数日間実施されていた。プロ劇団の「ひとみ座」が中心となり、アマチュアの様々なサークルが連合して運営にあたっており、毎年市内の多くの子どもたちが低料金でたくさんの人形劇や影絵劇を楽しんでいた。鶴川高校影絵部、児童文化部も長く出演してきた。

子どもらに練習の成果を披露し好評を博していた影絵部（2000年3月）

影絵部と児童文化部は、ほかにも、多摩市のアマチュアサークルが中心となって行われている「多摩人形劇祭り」、町田市ひなた村（子どものためのレクリエーション施設）で行われている子どものための発表会、神奈川県主催の「高校生夏の人形劇場」など、観劇する子どもたちがいるところを求めて活動を広げていた。「高校生夏の人形劇場」の案内は横浜市の、「かわさき市民プラザ人形劇祭り」の案内は川崎市の全ての小学校、幼稚園、保育園、学童クラブなどに配布されるため、鶴川高校の知名度を上げる役割も果たした。会場で影絵や人形劇を熱演する二つの部の生徒たちを見て、「鶴川高校ってどこにあるのかしら？　素敵な生徒さんのいる学校ね」「うちの子、将来入れてもらえないかしら？」と会話していた保護者の方たちや、「いつか鶴川高校に入りたい」と思った子ども

かつての影絵部の作品。その活動は充実していた

たちも多くいたのである。

一二月や三月、定期試験が終わった後に一般生徒が自宅学習する期間には、近隣の保育園や幼稚園数か所に上演活動に行き、希望する生徒は上演後に園に残って保育実習をさせてもらうこともあった。この二つの部活の卒業生で、鶴川女子短期大学に進学して資格を取り、保育士や幼稚園教諭として活躍している卒業生もたくさんいたのである。

このように充実した外部活動がなぜ許可されないのだろうか。生徒にとってやりがいがあり、学校にとってもメリットこそあれ、支障などまったくないものだった。

四月下旬、この措置に異議を申し立てた結城さんは、加藤光代副校長、森睦子教頭、川村雅美募集部長、秋田悦子特別活動部長の四人に応接室に呼ばれた。加藤副校長は当時六〇代、あとの三人は五〇代の管理職である。四人は、出張願いの突然の承認拒否については理由を言わず、口々に結城さんを責めたそうだ。いわく、「七月三一日（かわさき市民プラザ人形劇祭りの開催日）の件はすでに結論が出てる」「学校の指示に従えないのか？」「生徒募集に非協力的だ」。

「七月三一日の件」というのは、この日が学校見学会という行事と重なっているから外部活動を認めないというものだった。しかしそもそも「かわさき人形劇祭り」をこの日にやることは決まっていたのに、その後、鶴川高校がその日に学校見学会を開くことを決めたのである。影絵部への配慮のない決定だったし、それをもって出演させないというのは、影絵部から見れば、いわば「後付けの理由」でしかない。学校見学会には、中学生がたくさん見学に来て、学校の概要の説明を聞いた後、校内の部活動などを見学する形をとっていたが、従来は学校見学会などの日程と重なっても、部活動は独自の予定で外部活動をすることもあり、学校によってそれが制限されるようなことは一切なかった。

したがって、このときのやり方は完全に結城さんに対するパワハラであり、影絵部の活動への妨害だったといえる。結城さんの出張願いに承認印を押してしまった加藤副校長と秋田特活部長は、特に躍起になって出演を阻止しようとしているようだった。「とにかく結論は出ています。生徒を説得してください」と言われたが、結城さんはあまりの理不尽さに納得行かず、生徒の説得はできないと思い、「私は生徒を納得させる役目は、引き受けられません。皆さんで、説得にあたってください」と言った。

結城さんは「かわさき市民プラザ人形劇祭り」だけではなく、他の発表会もすべて出演禁止と言われた。そのことをそれぞれの主催団体に伝えたところ、「一〇年以上も共に活動していた鶴川の影絵部が出演辞退なんて、何事が起こっているのか？」と、多摩市の教育長、神奈川県立青少年センターの課長が直々に鶴川高校に文書で出演依頼をしてくれた。しかし、鶴川高校は「学校の方針なので出演できません」という返事を出したようである。

また結城さんと私たちは、毎朝打ち合わせの場で発言し、生徒たちのために、影絵を楽しみにしている子どもたちのために活動を許可してほしいと、管理職たちに訴えたが状況は変わらなかった。それでも外部での上演の実現を、私たちはあきらめていなかった。

とうとう七月になり、ある日、結城さんや私など何人かの教師が職員室で井田昭夫副校長（当時六〇代）に対して、「生徒のための部活って何なのか教えてください」「学校方針っていつだれが決めたんですか」などと詰め寄ると、井田副校長は「悪法も法なり。ソクラテスは毒を飲んだ」などと言った。「悪法と認めるんですね！」と結城さんが言うと、「そういう意味ではなくソクラテスは……」などと苦しい言い訳をした。

そのころまでに、外部上演が不許可になった件は影絵部員の保護者の知るところにもなっていて、子どもたちのことを案じる保護者の声は私たちにも届いていた。ちょうど、私たちが井田副校長と押し問答をしていた時にも、心配した保護者の一人がたまたま来校し職員室を訪ねたのである。その保護者は、現場を見て状況をのみ込んだようで、「私にも一言、言わせてください」と話し合いに参加してきた。井田副校長は「いきなり来てなんだ」と言いながら、その保護者を理事長室に入れて、森教頭、加藤副校長と三人で対峙《たいじ》。自分も当事者だからと入室しようとした結城さんを閉め出し、理事長室内で三〇分、三人で保護者をおどしたり、ほめたり、責めたりしたようである。それでもその保護者は、「子どもたちが上演したがっているから何とかしてほしい、という言いたいことは頑張って伝えました」と語ってくれた。

その数日後、影絵部員の保護者五名が事態を動かそうと学校に来た。しかし川村募集部長は「出張に出た」と居留守を使い、井田副校長、加藤副校長、森教頭、川村募集部長の四人は理事長室に入って、鍵をかけてたてこもった。保護者たちは、たいへん丁寧な口調で「話し合いをしましょう」と口々に呼びかけ続けた。しかし四人は鍵をかけた理事長室の中で実に三時間四〇分もの間、息を殺し、居留守を決め込んだのである。

事務室の受付で「文書でなければ受け付けられない」と言われた保護者は、後日、再度事務室に手紙を持参すると、「郵便でないと受け取れない」と言われたという。誰が見ても想像を絶する非常識な対応だった。

かわさき人形劇祭りを目前に控えた七月二五日、結城さんは、秋田特活主任、川村募集部長、森教頭、水島真美子さん（当時三〇代の一般教員）の四人に、放課後、応接室に呼ばれ、「指導員を解任します」と言われた。新しい指導員は水島さんになるという。結城さんが理由を問いただしても、またしても「決まったことです」としか答えなかった。結城さんは、「影絵部は私が生み育てた部活なのに」と怒りを新たにした。

思いつめていた部員たちは七月二九日、影絵部の部室に来た百瀬和男校長に「直訴」した。「人形劇まつりに出演させてください」と泣きながら訴えたのだ。ところが、それに対し百瀬校長は、「君たちはバカなんだから部活なんてやらなくていい。勉強だけすればいい」と言い放ったのである。それを聞いた部員たちの中には、号泣したり過呼吸を起こしたりした生徒もいた。

その翌日の学校見学会では、新しい指導員の水島さんが指導して、部員たちが影絵劇を中学生に見せた。結城さんは、「前の日にあれだけひどい目に遭わされたのに！ いじめられると困るから言うことを聞くしかない生徒たちがかわいそう。学校が許せない」と感じたという。

「お前たちのやっているボランティアは猿真似だ」

つづいて、同じ二〇〇五年の九月一日、突然、ＪＲＣ部（＝日本赤十字社のボランティア活動を行う）が聖書研究部という名前に変更させられ、顧問は井田副校長となった。長年生徒を指導してきた松山恵美さんは、影絵部の結城さん同様、何の説明もなく、顧問をはずされたのである。松山さんも私と同世代の社会科の教師で、ともに教育に情熱を注いできた大切な仲間だった。

ＪＲＣ部は、日本赤十字社に支えられながら、使用済み切手やベルマークなどの収集をはじめ、老人ホームや保育園でのボランティア、多摩動物園での迷子相談など、対外活動も精力的に行ってきた。その活動が評価され青少年赤十字功労賞を受賞したこともある。ところが副校長は、生徒たちに向かって「これからこの部は聖書研究部とする」と言った。ＪＲＣ部を突然廃部にしたのである。生徒たちは怒りに震え「説明してほしい」と言い募った。井田副校長の答えは、「お前たちのやっているボランティアは猿真似だ。そんなものはやらなくていい」だった。

他の部活でも次々と……

影絵部とＪＲＣ部に続き、二〇〇六年四月一日には、演劇・児童文化部、文芸部、バスケットボール部、バドミントン部、音楽部、琴部で、前年顧問から指導員に格下げされていた教師たちが一斉に指導員をはずされた。また、それに伴い、従来からの活動の変更を強いられるに至った。

音楽部は、卒業式・入学式で披露していたコーラスを中止、外部活動の「フレッシュコンサート」への参加は取り消しと、これまで積み重ねた活動の場を次々と奪われた。やはり私と同年代の親しい仲間で音楽教師の渡邊紀子さんは、長い間音楽部の顧問だった。彼女は歌の指導だけではなく、生徒たちと長年、「部日誌」で交流を続けてきた面倒見のいい顧問だった。音楽部の活動場所は音楽室である。顧問をはずされた後、音楽の授業のために音楽室にいた渡邊さんは、けなげに頑張っている生徒たちの部日誌がグランドピアノの上にあるのを見て、「頑張れ。」と一言書きこんだ。新しい顧問は「誰が書いたの！」と、生徒を責めたが、生徒たちは固く口を閉ざした。

バドミントン部では、部長の生徒が、元顧問に体育館で指導してもらいたくて呼びにいくというできごとが、二〇〇六年四月に起き、それが百瀬校長の知るところとなった。百瀬校長は、この部長を呼び出し、元顧問に指導を頼んだことを非難した。そして、「君は言うことを聞かないからクビだ」と部長をおろしたのである。彼女は悔しさに震えながら部活を辞めた。

いずれも、学校で起こることが信じられないようなできごとばかりである。いうまでもなく、部活は「学校教育活動の一環」として学習指導要領にも規定されている。生徒たちは、自らの希望に従って部活に入り、同好の仲間とともに、おとなの支援を受けながらも自由に活動に取り組む。その部活に、こともあろうに校長や管理職が悪罵《あくば》を投げつけ、「やらなくていい」と決めつける、生徒たちからの信頼の厚い顧問を一方的に解任するなど、あってはならない異常事態だった。生徒たちの悲しみと学校への不信は想像するに余りある。

二〇〇六年四月に顧問はずしが発表されたうちの一つ、演劇・児童文化部で顧問をしていたのは私だった。「はじめに」でもふれたように、演劇・児童文化部の果たしていた役割は部員たちにとって小さいものではなかった。それは教師としての私にも、多くのことを教えてくれた存在である。この年の演劇・児童文化部をめぐるいきさつは、そういう目で見た時に看過できないものがあったし、そのことを生徒自身が記録し私に託してくれた「日記」もある。

それを読み返すと今でも心が痛い。しかし、それはある意味で鶴川高校の百瀬和男校長がしたことが、生徒たちにとってどんなものだったのかを示す記録だともいえるものだ。そこで節を改めて〇六年度の「演劇・児童文化部」の顛末《てんまつ》にふれておきたい。

3　演劇・児童文化部の生徒たちの思い

私は「はじめに」でも述べたように、一九八八年から児童文化部の、そして一九九七年からは演劇・児童文化部（以下、演劇部）の顧問として二〇年近く携わってきた。演劇のことなど最初はまったくわかっていなかったが、勉強のために地元のアマチュア劇団の研究生になったり、別のアマチュア劇団でも活動をするようになってもう二〇年以上になる。その中で自分自身も演劇の魅力にとりつかれた。夢中になって指導し、生徒たちが演劇を通して「変身」を遂げたり、自己肯定感を得て飛躍する姿をたくさん見てきた。彼女たちは仲間と共に素晴らしい作品をつくりあげ、学内はもちろん、校外でも評価されるような作品をたびたび上演してきた。

演劇部に集まってくる生徒の中には、周りとの関わりが苦手だったり、繊細で傷つきやすかったり、何らかの「心の闇」を抱えている生徒もいる。そんな生徒たちが、演劇の世界に入っていき、その中で「ここが自分の居場所だ」とわかり、仲間とつながる。それが思いもかけない「奇跡」を生み出す。演じている我が子を見て「信じられない。これがうちの子ですか？」と私に声をかけてきた保護者が何人もいた。

「はじめに」で述べた、東京都高校演劇連盟主催の都大会に出場した時のことである。出演者の一人だった高田加世子さんは、学習や生活面での困難を抱えていたため何事にも援助が必要な生徒だった。以前、外部活動で電車に乗った際に「固まって」しまい、混んでいる電車から降りられず、先輩に手を引っ張ってもらってやっと下車したこともあった。そんな加世子さんだったが、この都大会で演じた小学生の役では、持ち味を生かしたとても豊かな表現によって観衆を引き込んだ。審査員の講評で「高田加世子さん、あなたはすばらしい！　本物の小学生に見えた‼」と絶賛された。やはり芝居には、演じる人の持っている無限の可能性を引き出す「魔法」が秘められているのである。

彼女たちは卒業後、社会に出ていろいろうまくいかないことがあると、鶴川高校の部活に遊びに来た。そして後輩たちと芝居づくりに参加することもあった。彼女たちが後輩にアドバイスする。部員たちにとって、それは演劇の技術面でのアドバイスでもあり、また心の支えを与えるものでもあった。卒業生にとっても、後輩から尊敬され、頼られれば、それが自己肯定感を取り戻すことにもつながり、自分の人生に再び向き合う力をもたらしているように見えた。

異常な発表

二〇〇六年四月一日、部活動の顧問・指導員一覧が職員室に貼り出された。クラス担任の発表と同様に部活動の顧問も勝手に決められ、発表されるのが通常だった。それでも従来は、特に熱心に活動している部活動は同じ教師が継続して指導するというのが常であり、顧問が退職するなど特別の事情がある場合に変更になるという程度だった。

それがこの年、異変ともいえるような事態になったのだ。私は前年四月に「顧問」から「指導員」に格下げされていたが、貼り出された一覧には私の名前は「指導員」としても書かれていなかった。前節でふれたように、私だけでなく、ほかに五つの部活の指導員がはずされた。前年度の影絵部、JRC部と合わせて八つの部活で「指導員はずし」が起きたことになる。この当時鶴川高校には三一の部活があったが、その二六パーセント。しかもその一年後には、三一の部活は一八に減らされ、それを三人の顧問だけで担当するというような事態にまで至ることになる。異常なことだった。

私はこの時、このようなやり方に強い異議と不信を覚えたが、ともかく生徒たちに事態を伝えて、彼女たちに心の準備をさせなくては、何とか態勢を立て直して芝居を続けられるようにしてやらなくては……と思ったのを覚えている。あとでふれるように、演劇部はこの年度、大きな目標をもって活動をスタートさせることになっていたからだ。

新年度の部活が始まる四月六日（木）の朝、生徒たちがいるはずの部室、236教室に急ぎながら、私は演劇部の生徒たち一人一人の顔を思い浮かべていた。三年生が三人、二年生が二人。この時の生徒たちはたった五人だった。三年生で部長の吉井奈緒子さんは、楚々《そそ》とした、控えめで誠実な生徒である。聡明、着実などの言葉があてはまる生徒で、演技力量もあった。

この日に起きたできごとに思うところがあったのか、彼女は、この日の帰りにノートを買ったらしい。日記をつけるためである。彼女は卒業する時、その日記を私に託してくれた。その出だしは次のように始まっている。

「午前9時。三木先生は泣きながら部屋に来て私たちに次のことを言った。4月1日付①三木先生は指導員からはずされ、下山先生に。②演劇部の活動日が水・金・土　③236の部室から235の影絵部へ移動。④プレハブに物を置かない（捨てられてしまう）」

指導員はこの日から、私から下山礼子さんに変わった。より正確にいうと、演劇・児童文化部と影絵部を合併して児童文化部という部活動に名称を変えることになり、その顧問として森睦子教頭と川村雅美募集部長が任命され、指導員として、下山さんと水島真美子さんが任命されたのだった。下山さんは学年主任を務めていたが、水島さんは一般教員で、すでにふれたように前年度から影絵部の指導員となっていた。

顧問などと同時に活動内容も一方的に発表されていた。それまでの演劇部の活動日は日曜日以外の毎日だった。時間をかけて質の高い作品を生み出そうとしてきたのである。それが週にたった三日、それまでの半分しか活動できなくさせられてしまうという、部員たちにとっては、モチベーションを削《そ》がれる決定だった。

演劇部の活動場所は二号館という建物の三階。236教室だった。となりの235教室は影絵部の部屋。二つの部はお互いの劇を見合ったり、時には発声練習を一緒にやったり、外部の活動では一緒に出かけることも多かったが、もちろんそれぞれ独立した部として活動してきたのである。それを、影絵部の部室に、演劇部も移動しろという一方的で理不尽な指示だった。

演劇部には、部室とは別にプレハブの部屋があてがわれていた。そこにはこれまで使用した小道具や衣装、人形など、次に作る芝居によっては必要になるものが入れられていた。ところが新しい顧問たちは私に、そのプレハブの荷物を全て捨てると通告したのである。

奈緒子さんの日記は続く。

「午前10時。236の部室に……森先生・川村先生・下山先生・水島先生がいた。

『236から荷物を全て235へ移動をお願いします。』

聞くとこの部屋は川村先生の部屋になるらしい。演劇はスペースがないと、劇の練習が出来ない。それに春休み中来ていない影絵部に勝手に荷物を置くことは出来ない。それでも川村先生などは、今すぐ移動してほしいと言った。しかし今プレハブを片付けているので無理、と伝えると……『明日の9：00〜12：00までに移動していてください』と言った。その川村先生の話し方は私たちの様子をうかがっているような、間を開けたしゃべりかたをしていた」。

奈緒子さんはこの時、私以外の四人の教師たちが部室にやってきて、一方的に非常識で勝手な指示を出しているのを、戸惑いつつも冷静に書きとめている。教師たちが生徒たちの「様子をうかがっているような」話し方をしていることに違和感を持ち、その不自然さを記録している。

実は、百瀬理事長が校長になったときまでに起きた大きな変化として、それまでの教頭、学年主任など学校を運営する側の人たちが、ことごとくやめてしまったということがあった。教育的な良心がある程度ある教頭、教務主任、生徒指導主任、特別活動主任、学年主任など、それまで学校運営の中心になってきた管理職たちは、百瀬和男理事長が理不尽な指示を出す中で、ぎりぎりまでそれまでの鶴川高校の教育のあり方を守ろうとした。しかし次第に持ちこたえられなくなり、次々と退職していったのである。二〇〇五年度に残ったのは、残念ながら、百瀬校長の言うことならどんな理不尽なことでも聞き入れ、平気で実行できる人たちばかりだった。演劇部員たちの「様子をうかがっているような」話し方をしたのは、それでもさすがに四人の教師たちも気がとがめていたからかもしれない。

「あいさつ☆ガールズ」

遡《さかのぼ》って前年の一一月、演劇部ではいつものように、次の地区大会に向けてどんな作品がやりたいかを皆で話し合った。その際、奈緒子さんはオリジナルで、映画「スウィングガールズ」のような学園もののコメディー作品をやりたいと言った。そして、演劇部始まって以来、彼女は初めて生徒一人の手による台本を執筆。二〇〇六年の一月始業式の日には「あいさつ☆ガールズ」という作品の第一稿が完成していた。オリジナルで台本を書き上げるには、相当の力量が必要なため、これまでだれも一人ではそれを成し遂げられなかった。皆で話し合い、少しずつ書き合って、つなげてオリジナル作品を完成させるのが常だった。だから一人の生徒による台本執筆は快挙だったのだ。

私は「今年はもしかしたら都大会に行けるかも！」と、心からわくわくした。

「今は部員が少ないけれど、新入生が入ってきたらたくさん勧誘しよう。そしてもっと芝居の世界を広げよう。そのためにこの五人でしっかり筋を固めて芝居を創ろう」と思った。そして、部員たちも五人のキャラをしっかり立てた芝居を創り始めていた。作品のストーリーは、ある女子高の風紀委員長の生徒が、生徒会長やさまざまな部活動の部長を巻き込んで「挨拶運動」をし、明るい学校づくりをしようとはりきるというもの。しかし、その本当の動機はなんと他校の男子生徒へのほのかな恋心だったという落ちのコメディーだ。

「面白そう！」生徒たちは意欲的に練習を始め、三月には、いつも観てもらっていた、私がプライベートで所属する劇団の方を指導に呼んでこの芝居のリハーサルを見てもらう予定だった。だが特別活動部長の許可がおりなかった。いやな予感がしたが、それを吹っ切るように、その日演劇部員たちは、バスケ部、文芸部、他いろいろな生徒たち、私の仲間の教師たちみんなの前で上演。たくさんほめてもらい、部員たちは五人とも大きな満足を得て、短い春休みに入っていた。そして、四、五日ぶりに出てきた日に前記のできごとが起きたのである。

「ともかくこの場所を明け渡してほしいの。隣の影絵部のお部屋にどんどん荷物を置いていいのよ」と、川村さんは言った。彼女は生徒募集の長としてたくさんの中学校訪問をしていた。以前は、「人形劇や影絵の上演活動が鶴川高校の評判を上げてくれている」と大変ほめてくれたこともあったのだが、この日は校長の意図に逆らわず、強引に事を遂行しようとしていた。

影絵部の部屋には影絵を映し出すスクリーンが立ててある。荷物をドカドカ置いたら、影絵部の生徒が活動できなくなってしまう。生徒たちと、演劇部の指導をこの日からはずされた私は、急いでプレハブを片付け、できるだけそちらに荷物を移動。今作っている劇の大道具、小道具だけを影絵の部屋に運んだ。

今までの活動をしてはいけない

もう顧問でも指導員でもない私は、プレハブ部屋の片付けの終了とともに、大っぴらに彼女たちと一緒にいることができなくなった。今この場にいる生徒たちはたったの五人。しかも、彼女たちがとっさの判断をしたり、これから起こるであろう新しい事態に臨機応変な対応をすることは難しいのではないかと案じた。

そこで私は、これまでの二〇年間でつながっている演劇・児童文化部の卒業生六〇人余りのメールアドレスに、SOSを送り続けた。とにかく、高校に来て、在校生を守ってほしい、一緒に行動してほしいと。今練習している「あいさつ☆ガールズ」を地区大会で上演できるように力を貸してほしいと考えたのである。

呼びかけにこたえ、昼間であるにもかかわらず、学校や仕事を休むなどして、多くの卒業生が次々と駆けつけてくれた。川村さんが担任だったことのある卒業生は川村さんに、「先生から校長先生とかに頼んでなんとかできないの？」などと掛け合ってくれたりもした。川村さんはお茶を濁すような返事しかしなかったらしいが。

翌週、四月一二日（水）の放課後、森教頭、川村募集部長、下山さん、水島さんの四人の教師が236教室にやってきた。在校生たちを守ろうと駆けつけてくれていた卒業生たちを見ると、「あなたたちは関係ないから出て行きなさい」と言って部室の外に追い出した。奈緒子さんの日記には次のように記されている。

「川村先生は話し始める。『平成18年度、影絵部・演劇部は児童文化部という名前になってこれからは、ひとつの活動をしてもらいたいと思います。』みたいな事を言って、下山先生は話す。『活動曜日は水金土。これからの活動は児童文化部として、絵本を作ったり、地域のボランティアセンターで子供達にエプロンシアターをしたり、おもちゃを作ったり……又、国際社会という事でユニセフをしたり、お手紙を書いて送ったり……児童文化として、いちから活動をしてほしい。貴方達は子供が好きでしょう？　この活動は保育士に向いているし、君達はあと残り1・2年なんだから進路を考えなさい。』」

エプロンシアターとは、子どもへの表現活動の一つで、表現者がエプロンを着、それを舞台のように使って人形を動かしたり、ポケットから人形を飛び出させたりして演じる、一人芝居のような活動である。保育士などが幼い子たち向けに行うこともある表現方法だ。集団で劇をつくるのではなく、個人で手軽にできるというメリットがある上、独特の表現が可能な方法ではある。ただ、それまで演劇部が取り組んできたものではないし、生徒たちからもエプロンシアターをやりたいという声があがったことはなかった。

実際に生徒に関わって指導をするよう任された下山さんは、当時四〇代の社会科教師。学年主任も務めていて、私自身も何度も同じ学年で仕事をした方である。彼女は新任の頃、演劇部の顧問だったことが一～二年ほどあり、演劇や影絵劇をつくり上げる活動の大変さや、指導者にそれなりの力量が求められることがわかっていたのではないか。校外で活動するとなったらさらに準備が必要で、時間も手間もかかる。ここまでできあがっている劇を地区大会に出場させたり、人形劇祭りに出演させたり、さまざまなケアをすることを拒否したかったから、あとの三人の顧問・指導員にこのようなプランを持ちかけたのではないか。

日記にはその後の教師とのやり取りも克明に記されていた。「これからは演劇と影絵はできないのか？」という生徒の問いには、「（一週間の活動日が）３日間ではむずかしいでしょ。短時間で出来るものが良い。影絵・演劇以外の事をやると良い」と言い、「学校説明会で演劇や影絵がやりたくて来る子もいる。その子はどうするのか？」の質問には、「学校は部活の為じゃない、勉強する為に来るもの」「演劇・影絵だけじゃない、ＪＲＣも文芸部もそれぞれ決められた方針にしたがっているから、貴方達だけじゃないのよ」と言った。

生徒が「過去頑張ってきた実績はどうなるんだ」と言うと、川村さんは「思い出にいつまでもこだわっていると先に進めない」、水島さんは「貴方達だけの事じゃない。川村先生も下山先生も、顧問から外れている。私達と貴方達は敵じゃない」と言った。「そんなのいつ決まったんですか？」

という生徒の問いかけには、「そんな事お知らせする必要はありません。そんなにひきずってどうするの？」とたたみかけた。

校外での活動についても、「児童文化は外に出て上演してはダメ。個人でボランティアセンターに行くのは良い。演劇部の秋の地区大会も、影絵部の川崎～……もダメ。幾ら今まで頑張ってても。体育部はいいけど文化部は外の活動はダメ。外から出てといわれている場合も外に出ない、方針になっているからダメ」。

つまり、これまでにやってきた影絵、そして演劇をやってはいけない、という信じられない事態となったのだ。まずは部活動の顧問が変わり、別々の活動をしてきた二つの部活動を同じ部屋に押し込め、あげくに今までやってきた活動とは別の活動を生徒たちの希望を無視して押しつける。人形劇まつりにも、高校演劇連盟地区大会にも出場させない——あまりにも理不尽だった。しかしこのことは、前年から始まっていた部活動に対する校長による介入という経緯を考えると、予想しておくべきだったのかもしれない。

四人の教師たちに、少しでも生徒たちの気持ちを汲《く》もうという良心があれば、活動の面倒を見ることはしなくても、活動の場を奪ったり、活動自体をつぶそうなどということは起こらなかっただろう。私が顧問として関われなくなっても、地区大会に出るとか、影絵部が人形劇祭りに出るなどの活動は可能だったはずだ。もちろん指導者抜きで大変ではあるけれども。

しかし四人の顧問・指導員は、活動の中身そのものを全て撲滅しようとしたのだ。このようなやり方が教育の場で起きていいのだろうか。ちゃらんぽらんな活動しかしていないのであれば、生徒たちのダメージはもっと少なかっただろう。しかし、つくり上げたもの、そしてめざすものが大きかっただけに、受けた傷も大きかった。

二〇〇五年度までであれば、部員は二〇人近くいて、中には弁の立つ生徒も複数いた。しかし、このときはたった五人。新しい顧問たちは、「これなら潰すのは簡単だ」と考えたのかもしれなかった。

「出来ると思えば、いつか出来る」

翌日、私は心配だったので、部員たちを放課後英語教室に呼んで相談をした。卒業生を追い出し、力ずくで部員たちをねじ伏せようとしている四人の教師。誰もが不安だったが、話し合うと、なぜか少し落ち着いたようにも見えた。「私たちは先生たちに言い負かされちゃうから、言い返すのは無理」「なら、黙って抵抗するのはどう？　先生たちに話しかけられても、返事も反論もしないで」「まるでお地蔵さんだね。じゃあ、お地蔵さん作戦だ」――そんな会話を交わした。

四月一五日（土）、影絵部は活動日ではないため、演劇部だけで午前中から劇の練習をしていると水島さんが現れた。水島さんは当時三〇代の国語科教師で、一般の教員だったため、他の三人の教師から、事を遂行するようにという圧力がかかっていたのかもしれない。

この時の水島さんの言葉を奈緒子さんは日記に記している。「貴方達がいくら言っても無駄なの。

あきらめなさい」「演劇と影絵はやらせない」「貴方達の味方になってあげたいけど、私の立場が苦しくなるのよ」……。奈緒子さんは、「私達はすでに『お地蔵さん作戦』を行っていたので、水島先生は、不思議そう（？）に『黙ってちゃ分からないわよ。』と言った」と書いている。

この日、私が昼休みに236教室をのぞきに行くと、全員、うつぶせになってぐったりしていた。これまでの高校生活の中でいつも模範的に振る舞い、学習意欲も高く、およそ、誰かからとがめられるようなことのない奈緒子さんが、あろうことか教師から理不尽な言葉を投げつけられ、かなりダメージを受けたのが感じられた。彼女の、暗い、青い顔が忘れられない。このままここに置けないと思い、別の部屋で話した。

このことがあった翌週から、生徒たちは体調不良で学校を休んだり、元気をなくしていった。以前は、月曜から土曜まで毎日活動し、「体調管理も努力のうち」と、学校を休んだらキャストをはずすぐらいに厳しい部活だった。だから、部員たちは学校を休むことはおろか、部活を休むことも皆無だった。それなのにである。このときのことがどれだけのダメージだったかがうかがえる。

私が加入している教職員組合に属する教師たちは、この一五日の夕方、鶴川高校の部活をめぐる異常事態についての緊急対策会議を持った。クラス担任をはずされた多くが組合員だったのと同様、部活の顧問をはずされたのも多くが組合員だった。百瀬校長による組合員を標的にしたハラスメントが始まっていることを私たちは感じていた。

緊急対策会議で私は、今まで積み上げてきた活動をすべて奪われ、別の活動を押しつけられ、理不尽な言葉を投げつけられ、体調まで崩していく生徒たちが、かわいそうで不憫《ふびん》で、発言しながら泣き崩れた。自分に対する攻撃ならどんなことでも耐えられる。きちんと主張してたたかえる。でも自分が一番大切にしている存在、傷つけられてはならない存在がむざむざと傷つけられるのはたまらなかったのだ。

しかしそんな私に、ほかの先生方が様々なアドバイスをしてくれた。ある方には、「あなたが泣いている場合じゃないでしょ。たたかいがいがある職場じゃない⁉」ときっぱり言われ、私はそれを聞いて目が覚めたように気持ちがしゃんとしたのを覚えている。

翌週の月曜（四月一七日）、学校で奈緒子さんを見かけた時に私は、「自分は演劇部に関われなくなってしまったけれど、みんなのことを応援しているし、みんなならきっと素敵な芝居を上演してくれると信じている」と伝えた。そう伝えることは私にとっては、「もう演劇部の顧問ではない」という事実を自分につきつけ、ある意味で自分を「あきらめさせる」意味も持っていた。

この日の日記に奈緒子さんは、「今までは何かと三木先生は心配で部活に来て、指示を出したりしてきたが、今はもう部活がこんな状況だし、三木先生もちょくちょく面倒を見に行けない……だから『奈緒子達を信じなければならない』と三木先生は思ったらしい」と書いている。彼女は、芝居力量は高く才能があるが、謙虚で周囲に対して気遣う、繊細な心を持っている。このできごとの半年ほど前、奈緒子さんが二年の秋、当時の三年生が卒業してしまうとたった五人しか残らない演劇部で、部長をやれるのは彼女しかいなかった。だから私は、彼女に「ぜひ部長になって演劇部を続けてほしい」と説得したが、彼女は最初「自信がない」と悩んでいた。それでも彼女は、このままでいいのかと葛藤《かっとう》し、「芝居をやりたい」という気持ちの方が勝って部長を引き受けてくれた。だから、楽々と部長をやっていたわけではない。それなのにこのように過酷な状況に放り込んでしまった……。私は奈緒子さんに申し訳ない気持ちでいっぱいだった。

この日の日記は次のように続く。「奈緒子は卒業した先輩たちのように部員全員をまとめて回す事はなかなか出来ない。でも『楽しいと思えば、いつか楽しくなる』かもしれない……『出来ると思えば、いつか出来る』かもしれない。奈緒子はこれからとても重要になると思う」。

文面から奈緒子さんが変わろうとしているのが感じられた。それも一人ではなく影絵部や演劇部の仲間と相談しながら。私は後日、当時の状況や自分の思いなどを思い返しながらこのくだりを読んだとき、奈緒子さんの中にある力を見る思いがして、心を打たれた。

一途な思い

この頃、部員たちは、①お地蔵さん作戦　②「死んだ魚の目」で先生を見る　③「私達はまだ心の整理ができていません。心が傷ついてるんです」と訴えるという作戦で行こうと相談していたようだ。しかし、水島さんは躍起になって影絵部のスクリーンを片付けさせようとし、影絵部の部室に大きなテーブルを置いて、児童文化の作業をさせようとしていた。

四月二〇日（木）、部員たちは、「スクリーン問題」についての話し合いを持った。影絵部部長の葉山洋子さんからは、「水島先生を安心させるためにスクリーンを片付けるふりをしたらどうか」という意見が出たが、奈緒子さんはそれには否定的だったようだ。その日のことを振り返って日記にこう記している。

「演劇部は部室を追い出されて、影絵と合併させられて、活動内容も変えられて……そして影絵部のスクリーンまでも片付けてしまったら、今まで活動してきた全てのモノが終わってしまう……と感じた。スクリーンを片付けるというお山の上（頂点）の問題だと思う」。

影絵部の洋子さんは、同じ部長同士ということもあり、奈緒子さんと一番意思疎通をする存在となっていく。洋子さんは、この話し合いを通じてスクリーンの問題を「スクリーンはお山のてっぺん」という言葉で言い表すようになるのだが、それはこのときの事態の本質を表していた。すでに演劇部は活動の場所を奪われ、影絵部の部屋で一緒に活動しろと言われていたが、演劇と影絵は別々の表現活動であり、一つの部屋で練習することは不可能である。それに影絵部のスクリーンをはずすということはもう影絵はやらないということを表す。だから彼女たちにとってスクリーンをはずすこととは、演劇と影絵をすべて捨てて、四人の顧問・指導員たちがいうように、絵本やおもちゃ作りなど全く違う活動を受け入れることを意味するのだ。

何とかして今までの活動を守りたい。そのためにはこのスクリーンこそが「とりで」であり、このとりでが破られたときに、自分たちの活動を潰される――彼女たちはそう予感していた。奈緒子さんは続けて、「スクリーンは根をはって動かず、そこで水島先生が手をかけたら、奈緒子達皆は、その行動をメモにとる」と書き、もしもの実力行使に備えて抵抗しようとしていた。

そして「土曜日は保護者懇談会。土曜はもともと影絵部は活動日ではないので今週もお休みだぞう……でも演劇部は折角、懇談会で親が来るのだから、『あいさつ☆ガールズ』を見せようと決めた。親がいる前で水島先生もさすがに注意出来ないだろう……」とも。

新年度の始まり、一人でも多くの新入生を勧誘しようと、どの部活でも力がこもる季節がやってきていた。入学式やオリエンテーションが終わると、新入生が何人も部活動見学にやってくる。演劇部、影絵部の上級生たちも何とか新しい部員を入れて、演劇を、影絵を続けたいと考えた。新入生たちは、中学生の時に学校見学会に来て、演劇や影絵を実際に観ている。それがきっかけで鶴川高校を受験している生徒もいるはずだ。そんな新入生が入れば、今の事態が変えられるのではないか。また演劇や影絵ができるのではないか――生徒たちはそういう一途な思いで行動を始めていたのだ。

前年までの235教室という活動場所を奪われた演劇部は、階段を客席にして、廊下での上演を試みた。大勢の新入生が観にきてくれた。しかし、上演していると必ず水島さんがやってきて、ズカズカと踏み込んで邪魔をし、上演を取りやめさせる。「あなたたち、何やってるの？　こんなことやっても無駄だって言ってるでしょ？」と。しかしさすがに保護者の前では上演の邪魔はできないだろうと奈緒子さんは思い、前記のように日記に綴ったのだと思う。

保護者会のある四月二二日（土）、新入生は登校日ではないので来ていなかったが、一〇人近い卒業生、そして保護者の方も来てくれた。上演開始。ところが、なんと、すぐに水島さんがやってきて中止させたのである。奈緒子さんの日記にはこう書かれている。

「水島先生は『何勝手な事してるの!!』『洋子さん達来てるのなら、スクリーンを片付けなさい。』『あなた達は何部として活動しているの？』と言っていたが私達はお地蔵さん作戦決行中だったので、『黙ってたら分からないでしょう⁉』と水島先生の怒りの声だけが廊下に響いていた。卒業生達やある演劇部員のお母様は『この子達は演劇や影絵がやりたくて入ったんですよ⁉』『勝手って、先生に許可を取っていればこうして劇は上演しても良いって事ですよね⁉』と言った。水島先生は頂点に達したのか、『上の人を呼んで来ます。』と言って、帰ってしまった」。

なんということだろう。あろうことか、保護者・卒業生の前で、水島さんが上演を中止させ、卒業生や保護者までを相手に逆上したのである。百瀬校長の横暴に唯々諾々と従い、その手足となって行動することが、学校に異常な事態を招くことを思いがけず露呈させたできごとだった。かつて水島さんの担任クラスにいたことのある卒業生は、「先生の醜い面を見てしまいつらい」と泣いていた。まさかいくらなんでも、保護者・卒業生の前でそこまでするとは、と私たちも唖然《あぜん》とした。

この惨事の中どうするか、ということになり、四月二四日（月）の昼休みと放課後、影絵部、演劇部の三年生が集まった。結城さんと私も呼ばれた。奈緒子さんの日記には次のように記されている。

「洋子ちゃんは朝、水島先生に呼ばれたらしく、『今日は話し合いをやらない、スクリーンをとにかく片付けて、用務員さんを呼んで片付けるわよ。』と言われたらしい。洋子ちゃんは『親にもちゃんと説明をしてください。』と言ったら、水島先生は『部活の事は親には関係ないでしょ。』と言ったらしい」。

部員たちは、土曜日の保護者会の日の話を詳しく報告し合い、今後の対策を話し合った。奈緒子さんは次のように記している。

「今後の事について考えた。奈緒子達は皆『これからも劇を上演したい、けど進路の事が心配』と答えた。それについて結城先生は『進路については、自分で良く調べたり見学に行ったりして、知識や情報をしっかり手に入れる。そして自分の意志をしっかり持つ。』『こんな事で就職できない、推薦書が取れないなら……それは犯罪になる。』と言っていた。水島先生は、川村先生・森先生・下山先生に比べて下っぱのようだから『スクリーンを片付けなさい』と上からまかされ、あせっている。土曜日の演劇部員のお母様との話の中で、水島先生達は『今後の活動を検討します。』と言ったらしい。でもその言葉は期待しない方がいい……。私達も出かたを考えるが、向こうもこちらの出かたを考えている。明日は来ないだろうから（むしろやりたくないのでは）もう一日考えてまた明日の放課後も話し合いをする事になった」。

翌日もやはり同じメンバーで話し合いを続けたようだ。「いつも四時頃に水島先生が部室にやってくるので、その前の三時半から劇・影絵を上演して、終わってから発声をすれば邪魔できないのではないか」とか、「演劇部は毎年この時期、エチュード（即興で寸劇を作ること）をやっているので、影絵部と一緒にエチュードをやろうか」などのアイディアを出し合った。奈緒子さんはこの日の日記に書いている。「とにかく、その時の状況によって変わってくるから、その時の状況で判断して行動するしかない。三木先生や結城先生は、もう顧問でも指導員でもないから……これ以上、心配をかけさせてはいけない……そう思った」。

「ハイエナのように」

その翌日の四月二六日（水）は活動日だ。影絵部と演劇部の部員たちの前に、一二日以来久しぶりに四人の顧問・指導員の教師が揃ってやってきた。そして「第一回目の学校見学会が七月二九日にあるので、その準備を始めるように」と言った。学校見学会は、翌年に受験を控える中学生に対し鶴川高校を見学してもらいアピールする場である。部活も見学の対象だ。四人の教師たちは、児童文化に適応するカタログ（ぬいぐるみ・ビーズ・クッション・刺し子など手芸の本）を持ってきて見せ、「このカタログにあるものの製作に入るわよ。それに同意できる人は児童文化部への入部届を新たに出すように」と迫った。

顧問たちが去った後、生徒たちはこれについて意見を交わしたと奈緒子さんの日記にある。「ユニセフとか児童文化財とかこの前言っていたけれど、全然関係ない活動だ」「これではクラフト部（手芸や料理を活動内容とする部）の活動と変わらない」「今日はスクリーンの事はどの先生も何も言わなかったね」「入部届けを出したら児童文化部を認めてしまうことになる。でも出さないと活動が出来ない」「影絵や演劇の発表の場をいつ持ってくれるのか先生たちが検討してくれた後、児童文化部への入部届けを出すことにする?」

次々に、部員たちが今までやってきたことではないプランが持ち込まれ、入部届けを出さなければ活動できないという枠組みがつくられてしまった。二つの部はいよいよつぶしにかかられていた。しかし心配ばかりしていた私とは違って、部員たちには、攻撃を受けながら話し合い、分析し、対処していくたくましさも見える。現実は確かにひどいけれど、その中で、知恵をしぼり、立ち向かおうとしているのだ。

その二日後の四月二八日(金)昼休み、「児童文化部は職員室に」という放送で、突然、影絵部と演劇部の全員が呼び出され、「今日、劇を上演してもいいわよ」と水島さんに言われた。どうも、しぶとく抵抗する部員たちの気持ちをさっさと納めるために、上演を許可することにしたらしい。しかし奈緒子さんには、それは「これで最後の上演にしろ」というふうに聞こえた。彼女は、「大好きな卒業生や保護者にも劇を観せていないのに、ここで終わらせたくない」と考え、二年生を放課後先に帰らせた。

放課後になり、三年生だけが集合していると四人の顧問たちがやってきた。奈緒子さんは「キャストが足りないので、今日は劇の上演は出来ません」と言い、上演を拒否した。「せっかく時間取ってあげたのに何なの?」といらだった川村さんは、洋子さんに矛先を向け、「影絵部のホームページに書きこみしているの貴方?」と聞いた。洋子さんは即座に「違います」と答えた。「『鶴川高校の影絵部』って出てるから困るのよ」と言う川村さんに、「私は書き込んでないので、そんなこと言われても困ります」と洋子さんは反論した。奈緒子さんはこのやりとりについて、「こんなホームページがあるから外部活動ができないのではと、洋子ちゃんを疑うように言ってせめていた。（ヒドイ!!）」と日記に記している。

劇を上演させ、さっさとあきらめさせる――顧問たちの意図は見え見えだった。生徒たちの気持ちを全く無視したこのやり方、しかもブログについての濡れ衣……。ただ、こうしたことは、顧問たちの焦りの表れのようにも見えた。当時、下山さんが「こうやってハイエナのように毎回来て、つぶしていくしかないのよ」と、部室からの帰り道で言っていたのを聞いたと、ある教師が教えてくれた。

「今にもみんなが走って部活に来そうだね」

しかし子どもたちがこんな理不尽に巻き込まれ不憫である。影絵部の生徒で、今回の攻撃が原因で不登校が再発し、学校に来られなくなった生徒もいた。今日部活があると思うと、みんな胃が痛くなり、顔色も悪くなり、力が出なくなっていたようだ。

奈緒子さんの日記はこの日を境にしばらく間が開いている。このあと、ゴールデンウイーク、そして五月中旬には三年生はオーストラリアの修学旅行へ行き、中間テストとなる。週に三日の活動日に制限されていたこともあり、部活としての活動は事実上行われなかった。

しかしその間に悲しい事件が起こっている。五月中旬。奈緒子さんたち三年生の三人は修学旅行中だった。でも、部活をやりたかった二年生の山口涼子さんがもう一人の二年生と、前日の金曜日に「明日部活やろう」と約束してしまったことがきっかけになり、トラブルになってしまったのだ。

涼子さんは、学習意欲は高いが、人との関わりが苦手で、中学まで親しい友人が一人もいなかった。でも鶴川高校に入り、表現することに惹かれ演劇部に入った。入部したての頃、発声練習の時、喉に力が入ってしまい裏声しか出せなかった。また、一年生の時のある日の部活動の帰り道、駅のホームで向こう側にいた生徒が涼子さんをからかうそぶりをすると、ものすごい勢いで反対側のホームに行き、「いじめないでください！」と何度も大声で迫ったこともあった。小中学校でのいじめの経験から、自分がからかわれていると思うと過剰に反応し、感情的になって反撃してしまうのだった。

演劇部員たちは、しかしそんな彼女にも落ち着いて接し、共に演劇をつくる仲間として尊重していた。涼子さんが発声練習で大きな声が出せるようになった時はみんなで我がことのように喜び合い、駅のホームでの一件があった時は、居合わせた演劇部の三年生が割って入り、「涼子ちゃん、あなたにはあなたのことを大切に思っている演劇部の仲間がいるじゃない？　そんなに怒らないで」と語りかけて気持ちを落ち着かせ無事に帰宅できた。

ここにいれば受け入れてもらえる、守ってくれる人たちがいる――涼子さんにとって演劇部は大切な居場所になり、やがて芝居の本番でも堂々と演じるなど力をつけていった。

そんな涼子さんだったが、この当時、クラス替えした新しい二年生のクラスにはまだなじめず、たびたびトラブルを起こしていたようだ。昼休み、教室にいづらくて、他の場所で、一人でお弁当を食べていた。だから自分の大切な居場所である演劇部で活動したい、部活をやりたいと思うのも無理はない。ところがもう一人の二年生と、待ち合わせの時間を確認しなかったため、翌日の土曜日、勝手に一人ぼっちで部室前の廊下でぽつんと待っていたのである。それを見た、バスケ部・ソング部などの生徒たち――彼女たちも、元の顧問がいなくなったり、活動が制限されていて面白くない気持ちを抱えていた――が、涼子さんを面白半分でからかったのである。涼子さんは逆上し、からかった人たちに向かっていった。これが暴力事件だとされ、自宅待機になってしまったのである。

私は彼女のお母様からのSOSで事態を知ることとなり、信頼できる部活動の顧問に動いてもらった。そしてからかった生徒たちが涼子さんに謝るところまでこぎつけることができ、処分沙汰《ざた》になることを避けることができた。しかし、すんでのところで、彼女は退学に追い込まれるところだったのだ。この悲しい事件は、涼子さんにとって一生残る傷となったと思う。彼女から表現の場と、自分が大切にされていると実感できる場を奪った学校の責任は大きい。

引き続き、気の抜けない時間が続いた。そして六月六日、プレハブ物置の鍵を奈緒子さんは森教頭にとりあげられる。過去の活動が遺してくれた財産、生徒たちがつくり使ってきた人形、大道具、小道具、衣装、さまざまなものがぎっしり入った場所を奪われてしまった――部員たちの悲しみを思うと今でも心が痛い。

その物置は、その後放置され、二〇一一年、新校舎建築に伴い取り壊され、全ての物が廃棄された。演劇・児童文化部の活動の跡は、何一つ残されていない。

四月当初、毎日のように克明に記されていた奈緒子さんの日記だが、六月は二日だけ。活動できる日を夢見てつけ始めたこの日記帳に向かうことのなくなった奈緒子さんは、どんな思いでこの六月を過ごしていたのだろうか。進路の就職活動でも忙しくなっていたのだろうし、書く気持ちになれないほどつらい思いをしていたのかもしれない。おそらく六月の間も、四人の教師から毎日のように「スクリーンをはずしなさい」という集中攻撃が続いていただろう。

そんな六月のある日、奈緒子さんは一人の卒業生とともに、追い出された元の部室にこっそり入った。元部室の235教室。鍵もかかっていず、演劇部が立ち退かされたときのままだったらしい。三か月間、誰も使っていないのだった。ロッカーの名札も、舞台空間を示した場ミリのテープ（舞台の実寸を示すために仕切って貼ったビニールテープ）も、机やイスもそのまま。

「こうしていると、今にもみんなが走って部活に来そうだね、遅れてごめーんって。また前のように部活を始めそうだね。あの席で、先生が座って芝居観て、ダメだししてくれてたね」。そう卒業生が言うと、奈緒子さんは大声で泣いたという。

私の中では風紀委員長が残っている

七月。とうとう部員たちは決断した。活動場所に来た四人の教師に向かって、洋子さんが代表して、「スクリーンは片付けます。もう劇の発表をやる気はなくなりました。児童文化の活動を頑張ります」と言った。新しい顧問たちは大喜びで、手のひらを返すように、「それがいいわ」「おもちゃ作りのフェルトでも何でもどんどん注文して買っていいのよ」と、まるで孫を猫かわいがりする老人のようにはしゃいだ。たたんだ影絵のスクリーンの枠を使って、「これで紙芝居やりましょ」とも言ったという。

奈緒子さんはその日のことを日記に記していない。代わりに「我、風紀委員長なり。」という言葉と風紀委員長役の自分のイラストが、ノートの半分ぐらいを使って色までつけて描かれていた。彼女が書いた台本「あいさつ☆ガールズ」の主人公の風紀委員長である。

奈緒子さんはまた、国語演習の授業で「私の高校生活」という作文に演劇部が学校によってなくされてしまった経験を書いて次のように綴った。「私はこの苦しみから、どんなことがあっても夢を諦めない強さを学んだ。女優になりたい、演劇をやりたいという私の思いは、誰にも止められない」と。

もうこれ以上、彼女たちを傷つけてほしくない。せめて、夏休みを自分のために、学校からの攻撃とは遠いところで過ごしてほしい――私はこの頃そんな気持ちだった。

2006年7月、影絵部のスクリーンを片付けると顧問らに伝えたあと、奈緒子さんは日記帳にイラストを描いていた

しかし、奈緒子さんは驚きの行動をとった。夏休み中かけて、自分の書いた台本を小説化したのである。九月はじめ、「先生、夏休みの宿題、もう少し待ってね」と、彼女は国語表現という科目を教えている私に言った。そして、九月中旬ごろ彼女が提出したのは、「挨拶革命前夜」という四〇〇字詰め原稿用紙二九枚にわたる小説だった。そう、奈緒子さんは、夏休みの宿題として、自分の書いた台本をノベライズして提出したのである。二九枚といえば高校三年生にとっては「大作」といっていい。

書かずにはいられなかったのだろう、自分が演じるはずだった世界を。しかも、かつて演劇部の顧問をしていた私が読めるよう、私の担当する授業の宿題として書いてきてくれたのだ。

作品には以下のあとがきがつけられていた。

この作品の原作（台本）は2006年の初めに私が仕上げました。当初はこの台本で芝居をし、秋の地区大会に向けて私達は毎日、身を削る稽古を頑張っていました。目的はただ一つ、最高の作品に仕上げ、大会に出て、多くの人に観てもらうこと。それは叶《かな》いませんでした。我が儘《まま》な大人が私達から夢を奪ったのです。私達ももう力尽き、一人、一人と別々の道を歩もうと私達はしています。

それでもやっぱり諦めることができない演劇の世界。無意味なことだと分かっているにもかかわらず、私は改めてこの話を書き直しました。もしも……だったら、と言うつもりで。私の中ではまだ、風紀委員長が残っているのです。

傍から見れば、前後言葉があっていなくて読み難い、こんなの小説じゃない、と読んで思われるでしょう。私自身、小説だからきれいな言葉を並べなきゃ、と思って書いた話ではありません。演劇が忘れられないから、こうして私は書いているのです。

苦しくて、悲しくて、辛《つら》い思いをしている人は私達以外にもたくさんいます。

どうかこの想いを知ってください。

私達の声を聞いてください。

そして大会で上演されないこの作品を知ってください。

それが私の切なる願いです。

どんなに地区大会に出場したかっただろう。演劇を上演したかっただろう。「ゆっくり夏休みを」どころか、彼女の頭の中は芝居でいっぱいだったのだ。このあとがきに、私は慟哭《どうこく》した。

九月二七日、奈緒子さんは顧問たちに呼び出され、手芸用のキットを買ってきて文化祭に向けたぬいぐるみ作りをするように言われる。そうした活動を望まなかった彼女たちは話し合い、部活の引退を考えた。ところが九月二九日、部室で待っていた三年生全員に、森教頭は「あなたたち、引退はないわよ」と言い、川村さんは「引退はないです。三月三一日まであなたがた高校生なんです。引退するとしたら退部になるわよ」と言った。

引退ならば、三年間部活動を続けてきたことになるが、退部は途中でやめたことになり、高校生活の履歴に傷がつく。部員たちはその場で、引退できないのなら退部しかないかと話しあいかけたが、川村さんからは、「退部するのは個人個人の問題、あなたたちの意見をまとめて結論を出すって問題じゃないのよ。やるなら文化祭に向けてもう動かないと間に合わないから」と言われた。森さんからは「『やる』『やらない』はっきりしてくれないとできないでしょう?」と言われ、生徒たちはその場では結論が出せなかった。

　活動の中身をすべて変えられてしまったのだから、いっそのこと部自体を廃部にしようか、という意見もあり、奈緒子さんと洋子さんはみんなの意向を聞くことにする。でも部活を続けたいという二年生がいたので、廃部は身勝手だと思い、全員と話して決断したいと考えた。三年生全員で、一〇月四日、時間の猶予をくれるよう川村さんにお願いに行ったが聞き入れられなかった。川村さんに「奈緒子さんから一人ずつ、どうするか言って？」と問われた奈緒子さんは、「後に退く事は出来ない……全てを終わらせる時‼」と思ったそうだ。彼女は「たくさん悩みましたが、今の私は就職先も決まって確かに身軽です。でも色々と用事があるので、部活にはもう出れません。なので退部します」と言った。演劇部と影絵部の三年生のうち六人は退部、三人は残るが短大受験に合格したら退部することにした。これ以上傷つかないために、自分を苦しめないために。

　奈緒子さんは、「日記のあとがき」を二〇〇七年一月になってから次のように記している。


　　私たちが受けた体験は、きっと未来を生きていく私たちにとって大切な糧《かて》となるかもしれない。

　　だからと言って誰もが受けるべき体験ではない。

　　……それが学校で決まった方針だから……

そんな言葉だけじゃ私たちは納得できない。
もっとくわしく説明してほしい。
ちゃんとした理由を校長先生の口から聞きたい。
何故、組合の先生たちが非道《ひど》い目にあわなきゃならないのか。
何故、私たちから部活動や活躍できる場をうばったのか。
鶴川高校におこっている真実をあきらかにしてほしい。
じゃないと、また来年度の新入生がかわいそうだよ……。
２００７年1月

学校が生徒をいじめている

一月中旬、三年生の生徒たちの卒業を待って、百瀬校長派の教師たちに部活をつぶされた生徒たちの悲しい思いを、東京都の私学部生活文化局に訴えに行こう、という取り組みが、心ある保護者、卒業生たちによってひそかに準備された。もちろん、私も加わった。奈緒子さんの日記、「あいさつ☆ガールズ」の台本、「挨拶革命前夜」も持参することにした。

三月一四日、私たちは都庁へ向かった。卒業生、保護者、教員合わせて総勢四〇人。都庁では広い部屋を用意してくれて、全員入ることができた。異例のことだったようだ。

生活文化局私学行政課の課長とその補佐の方が話を聞いてくれた。学校で起きていること全体の概略を、保護者の方がしてくださり、そのあと、被害に遭った生徒たちが、影絵部、演劇部、JRC部の順で話した。演劇部からは、奈緒子さんが、攻撃の始まりからを順序だてて話し、演劇をやってはいけない、といわれた四月一二日の日記を、そして「挨拶革命前夜」のあとがきを読んだ。控えめで謙虚な奈緒子さんは、あとで「しゃべりすぎたかな」と言っていたが、十分に生々しい当事者の証言だった。あんなに積極的な彼女を見たのは初めてだ。

実は、これに先立ち、旧演劇部員だった有志は卒業生へのお別れ会を三月四日に開いた。一年前の三月に行った、「あいさつ☆ガールズ」の通し稽古のビデオをみんなで観て、懐かしい思いがこみ上げた。その日に、奈緒子さんが私にくれた手紙がある。その中で彼女は、「私に足りないのは、積極性」と書いていた。それを読んだ私は、「積極的になるチャンス。都庁が舞台だと思って演じて！」と言った。

彼女はそれを見事にやりきったのだ。台本を書き、一年間苦しみながらたたかい、あきらめきれぬ思いを小説に書き、三六ページにわたって日記をつづった自分の思いを、自由に語る彼女は輝いて見えた。「今もまだ残っている部で活動している後輩たちが、私達のような悲しい思いをしなくてすむようにしてほしい」。公の場ではっきりと自己主張する奈緒子さんは美しかった。他の部の生徒たちの必死の訴えも含め、本当に心打つ内容だった。泣きながら、嗚咽《おえつ》しながらの発言に、参加者の多くの人が涙ぐんでいた。

要請が終わりに近づき、「私学の独自性があるから難しい、法律に縛られているのでできる範囲で」と言った課長に、二年前の卒業生が、「いじめと虐待を受けたことについてだけは、学校に注意してほしい」と言った。日本中でいじめが問題になり、国を挙げて取り組んでいるこのときに、学校が組織的に生徒をいじめている、これを誰が見過ごしていいのだろうか？　「管轄は違う」「できることには限界が」と言いながらも、卒業生の心揺さぶられる訴えの前では、それを尊重せざるを得ない――課長の態度からはそんな矛盾も読みとれた。

この課長は後日、保護者に電話で、「もう子どもをつれてここに来ないでほしい。都は、大人は自分たちのために何もしてくれない、という不信感を抱かせてしまうから」と言った。私はそれを聞いて、心の底から、震えるほどの憤りを感じた。しかしこれは、生徒たちの言葉と行動が、都の役人でも否定できない事実と道理に根差していることの証左でもあった。

この日、奈緒子さんは自分の詩をブログにアップした。

ひかりを
現の濁った空
通りすぎる人の息
俯いた頭
視線の合わない瞳
現実に縛られた操り人形

生きて行く事はとても難しい事なんだね。

人は壁にぶつかった時、初めて成長をする。

「悩みなんてなさそうだね」って台詞あるけど……そんな訳ないじゃん。
皆、十分悩みを抱えてるよ。
十分傷ついたよ。
十分苦しめられたよ。
十分涙流したよ。

でも人って非力だから、同情しか出来ないの。

解っていてもやっぱりヒカリを求めちゃう。

そして人は彷徨いながら歩いてく。

神様っているのかな……

コメント欄には「洋子」という名の書き込みがあった。
「詩を見て涙が溢《あふ》れてきました。本当に神様って居るのか？　と何度思ったことか……。でもやっぱり光を求めてしまう。色々あったけど、私は『奈緒子』という頼れる素敵な貴方がいて本当に助けられて励みになりました！　昨日は本当にお疲れ様でした！　では、長々と失礼しました〜」。
「コメントありがとぉ☆こちらこそ、『ありがとう』だよぉ　洋にゃんいなかったら、僕何も出来なかったもんっ　本当にありがとう☆そしてお疲れ様」。
奈緒子さんは卒業するとき、「この日記を先生に」と言った。彼女は私になぜ自分の書いた日記を託したのだろう。私は彼女の日記をこの一四年間、何度も読み返し、自分の思いの丈を記し続けてきた。この節は、それを下敷きにして書いたものだ。

4　教職員組合のこと

奈緒子さんは日記のあとがきに、「何故、組合の先生が非道い目に」遭わなきゃならないのかと書いていた。

すでに書いたように、クラス担任をはずされたり、部活の顧問をはずされたのはみんな教職員組合員であった。多くが熱心で親身な援助をし、生徒たちに慕われて、生徒たちの支えになってきた教師たちだった。

授業や生徒を大切にする人たち

私の所属する組合は、一九九三年に結成された。私はその組合結成前の一九八三年から、組合の準備会に加入していたが、学園側からの弾圧を招かないよう、その事実は明らかにせず校内では活動しないようにしていた。

加入のきっかけは、「はじめに」でもふれた森本由紀さん（当時三〇代の社会科教師）との出会いだった。教師になった最初、公然たる組合員として二人だけで活動していた森本さんは、授業中、生徒が全く話を聞いてくれず困っていた私に、「授業を見においで」と言った。授業見学に行くと、そこには私の授業の時とは全く別の顔をした生徒たちがいた。みんな森本さんに釘付けとなり、学ぶことを楽しみ、活発に発言している。

授業が成り立たないことを生徒のせいにしかかっていた私は、なぐられたような衝撃を受けた。授業がうまくいかないのは私のせいなんだ、私がまだまだ未熟だからなのだ。ここで歯を食いしばって、ちゃんと授業ができる教師になりたいと強く思った。森本さんたちは組合員だからという理由で長い間クラス担任をはずされていたが、私は森本さんに対する強い尊敬と信頼から組合に加入したのである。

その頃も学園が、「組合と親しくした」「組合的だ」などを「理由」としてクラス担任をはずすということが、時々あった。先に書いたように、私が一九八五年、最初にクラス担任をはずされたのも、組合の教師である森本さんと親しくしていたことが理由だったろうと思う。組合の教師たちは授業や生徒を大切にし、部活動にも熱心で、生徒たちのためにいい学校をつくるにはどうしたらいいか、そのために組合活動をするという人たちばかりだった。

一九九三年の組合結成当時は四〇〇〇人の生徒数で、一クラス六〇人学級。とてもじゃないが生徒一人一人を大切にできる状況ではなかったため、組合はまずその改善を求めた。

もう一つの要求として、「常勤講師の専任化」があった。百瀬理事長は、クラス担任や部活動顧問として、専任教諭だけではなく、一年契約の常勤講師を大量に採用していた。常勤講師とは、雇用契約が一年間の非正規雇用の教師である。しかし非正規雇用にもかかわらず、無期雇用の専任教諭と全く同じ仕事をさせられてきていた。クラス担任を持たせ、部活動を持たせ、校務分掌にもつけていたのである。

生徒や保護者はもちろんそんなことは知らず、自分の担任や部活の顧問を正規の先生だと思っている。ところがその教師たちは、毎年二月になると、次の年度も契約を更新してもらえるかどうか、胃が痛くなるような不安を抱えて仕事をしていたのだ。だから私たちは、常勤講師の教師たちを全員専任教諭にしてほしい、ということも求めて組合を結成した。

団体交渉の場で、私たちが常勤講師の専任教諭化を要求すると、百瀬理事長は「常勤講師は生徒数が多い今だけの雇用の調整弁。いつでも生徒が減ったら辞めてもらう」と平然と答えた。

「教育は少なくとも入学した生徒たちの三年間を見守る仕事であり、一年契約というのは全く実情に合わないこと、先生が大切にされなければ生徒は大切にできないこと」を、組合側は言葉を尽くして訴えた。しかし百瀬理事長は、自分と違う意見を一切聞き入れなかった。かつての教育的な良心を持った管理職の方たちも、誠意を尽くして進言したが徒労に終わり、退けられたり、くびにされたり、また絶望して自ら辞めていった。

鶴川高校には私の所属する組合以外に、考え方の違いから二つの組合（それぞれ上部団体が違っていた）ができた。二〇〇〇年ごろには半数近い教師がどこかの組合員となっていたので、理不尽な攻撃に対しては共同でたたかうこともあった。二〇〇三年に、私たちとは別の組合の教師が授業の持ち時間をゼロにされるという攻撃を受け、一方で一九時間の授業を他の教師に持たせるという攻撃を行った。その際、これは全ての教職員の問題だと、「0―19の会」という三つの組合共同の会をつくり、一緒にこの問題で共闘し、「ゼロ時間」も「一九時間」も解消することができた。

教師や生徒を支配する対象と

しかし、組合員が職員会議や朝の打ち合わせでも活発に質問したり意見を言うことを嫌った百瀬理事長は、なんと一九九八年九月、職員会議を廃止した。百瀬氏は「一部の教職員による一方的な自己宣伝の場になる心配があるので、職員会議は設置しない」と述べた。

その結果、朝の一〇分間の打ち合わせしか職員みなが集まる場はなくなった。この一〇分は主にその日の業務に関わる伝達の場だったが、職員会議がないため、この場が質問や意見を表明する場にならざるを得ない。すると百瀬氏は、この打ち合わせさえも開くのをやめてしまった。伝達事項はすべて文書で貼り出されるだけとなってしまい、一切の意見交換の場が消滅した。このようなことは、教師の仕事、学校の機能を阻害するものでしかなく、支離滅裂な決定だったといわざるを得ない。

百瀬氏はこのように組合員を差別、攻撃してきたが、私たちは、むしろそれをものともせず元気に教育に打ち込み、また組合活動も堂々と行った。私たちの元気の源は生徒とのつながり、教育そのものだった。百瀬氏は、ある時そのことに気づいたのではないだろうか。私は彼が、組合を弱体化させるために、組合員の教師を生徒から引き離そうとし始めたのではないかと思っている。理事長だった彼が、校長に就任したのも、組合員をクラス担任や部活動顧問からはずす権限を得るためだったかもしれない。

その目的のために、彼は組合員ではない教師を利用した。すでに述べたように、自身の言うことに唯々諾々と従う非組合員の教師を、管理職につけたり、組合員をはずしたあとのクラス担任や部活動顧問や指導員に据えたりしていったのである。

それにしても、あまりにもあからさまな攻撃で、普通にはありえないようなことばかりである。百瀬校長は教育理念を一切持たず、生徒を教えるということに興味を持たなかった。実は彼は、同じ学校法人内の鶴川女子短大の学長でもあり、「教育原理」の授業を担当してもいた。しかしその授業は、「○ページ見たね」と言いながら教科書のページをめくっていくだけ。高校の「徳育」の授業も担当しているが、生徒の顔は全くわかっておらず、出席のみで評価を出していた。修学旅行や体育祭、文化祭などの行事の際に、生徒の写真を撮ったり、生徒と一緒に写真を撮ることや、文化祭や式典などの場で、自分の歌を披露することなどにはなぜか熱心だ。傍で見ていると、そういうことにしか興味がないようにも見える。

長年、百瀬氏の言動を見聞きしてきて思うのは、彼は、教職員を信頼し、まとめあげて学校全体の意志を統一するようなことはできず、教師も生徒も支配する対象として見ることしかできないのではないかということである。おそらくそうであるがゆえに、生徒や同僚教師、保護者とつながりながら実践する私たちのことを、自分にできないことをする者たちとして憎悪していったのではないか。

クラス担任はずし、部活の顧問はずしと時期を同じくして、百瀬校長は教職員のボーナスをゼロにし、定期昇給を止めるということも行った。生活が成り立たず、仕事をはずされ教師としてのやりがいを失った教師たちは、鶴川高校の生徒たちに心を残しながら、一人また一人とやめていった。私の所属する教職員組合はこれに対抗するため、定期昇給停止は不当だとして第一次賃金裁判に踏み切った。そのことは、あとでまたふれたい。

第2章　生徒と教師を会わないようにさせる学校

1　先生が学校にいない

前章の終わりに、百瀬校長が考えたのは、組合員と生徒を引き離すことだったのではないかと書いた。そう推定したのは、クラス担任、部活の顧問をはずしたほかにも、以下のようなことが進められていったからである。

授業以外で生徒と会うことを禁じる規定

二〇〇七年一一月のある日、出勤すると職員室に新しく「教務指導規定」なるものが掲示されていた。この頃は職員会議も朝の打ち合わせもなくしてしまったので、校長が勝手に決めたことを掲示し、それにしたがって学校運営を進めるということが常態化し始めていた。

貼り出された「教務指導規定」の中にはこんなくだりがあった。

「授業時間外に一般教諭や常勤講師が生徒を職員室・教室・敷地内・施設及び学園外に呼び出したり、会ったりすることは原則として禁止する。生徒を呼び出す場合には学級担任の了解を得た後、書面にて校長室教員の許可を得なければならない」。

百瀬校長は、教職員を主幹（校長、副校長、教頭、部長などの管理職）・主任（学年主任や教科主任）・一般教諭・常勤講師と分ける職階制をとっていた。このくだりは、その中の一般教員・常勤講師に授業以外での生徒との接触を禁じるというものである。例えば、生徒に補習や追試をしたり、生徒が授業のことで質問に来た時に答えたりということが私たちの仕事には伴う。生徒が授業中に仕上げられなかった作文について担当教員に指導を受けにきたり、進路のための論文のアドバイスを求めてきたりすることもある。当然ながら、どれも教師の仕事のうちだ。ところが、この「教務指導規定」は、そういう時に、生徒に会うことを禁じるというのである。支離滅裂そのもの、誰もがあきれ返った。

組合員は全員、一般教員と常勤講師だった。これ以降、私たち組合員が生徒と関わっていると、後でその生徒が校長派の教師に叱責《しっせき》されるなどのことが予想された（実際、それを理由に叱責された生徒もいた）ため、私たちは、放課後自由に生徒たちと会うことを控えなければならなかった。

また「教務指導規定」には次のようなくだりもあった。

「教科担当教員の点票（引用者注：評価点をつけたもの）については、教務部長は、再評価することができる。単位の認定、進級の認定、卒業の認定は最終的に校長室が行う」。

進級認定や卒業認定の基礎になる各教員の評価点を「再評価」なる名目で勝手に教務部長が変え、校長室で決めていいというのである。たとえば出席日数が不足し教科担当教員から見て、進級できないと判断せざるを得ない場合などが残念ながらある。ところがそういう場合にも、「進級できる」

ことになってしまうのだ。事実、これ以後、授業に出席しないなど課題を抱えた生徒も、学費さえ納めていれば進級・卒業認定されるようになった。

このことを知るようになった一部の生徒の中に、学校に来なくてはならない、授業は出席しなくてはならない、遅刻してはならないという意欲や自己規律が失われていった。学校が学校として機能しなくなる道だったといっていいだろう。

当時、副校長・教頭はじめ各部長や学年主任たちには生徒募集のための中学校訪問のノルマが課せられていた。授業を午前中に配置され、午後はそそくさと学校を出ていき、そのまま学校に戻らない。彼らもクラス担任を持っていたのだが午後には校内にいないため、欠席や遅刻・早退した生徒への指導ができない。家庭・保護者との連絡もなくなったので、ますます自由に欠席したり遅刻・早退する生徒が増えていった。そうしたこともこの規定の背景にあったのかもしれない。

もちろん、ここで貼り出された「教務指導規定」以前の教務に関する規定には、生徒との接触を禁じるというような非常識な内容は記載されていなかったし、出席についても妥当な基準がきちんと設けられていて、学校として機能していた。教師と生徒がともに学び活動することを妨害し、生徒の学ぶ姿勢そのものをないがしろにする――それが新しい「教務指導規定」の本質だった。こんな規定のある学校なんてあるのだろうか。

「隔離部屋」

二〇〇五年度からクラス担任をはずされた私たちは、最初は職員室の上の二階にある第二職員室に入れられた。第二職員室は、さらに二〇〇六年度には生徒の教室から遠い校舎に移動された。私たちを「隔離」して、なるべく生徒たちと接触しないようにさせる意図が感じられた。

二〇〇八年三月一八日、学校はその「隔離部屋」をロッカーでさらに半分に仕切り、一二人の教師（全員が組合員だった）を押し込んだ。物理的に嫌な思いをさせて、鶴川高校で働く意欲を削《そ》ぐために行われた嫌がらせだった。これも、掲示板に指示内容をはるだけで、何の説明もなく強行された。

この部屋は極端に狭く、椅子に座るのもやっと。机の下のものが取れない、部屋の奥にいる人がトイレに行く際、他の人にみんな立ってもらい、ところてんのように数珠つなぎで出てもらわないと出られないなど、不自由きわまりなかった。まるで、お寿司のバッテラのような状態で、私たちは皮肉を込めてこれを「バッテランド」と呼んだ。

組合はこの異常事態を労働基準監督署や都の私学部、マスメディアなどに訴えた。そのSOSにこたえて、次々に、外部から実地調査が入る。労働基準監督署の方は「この真ん中のロッカー、生徒の使わなくなった、扉の壊れたロッカーは、中身はからなので、倒れたら危ないですね。一人当たり、一〇立方メートル必要だという労働基準法に違反する可能性があります」と言った。都の私学部の方も「これはひどいなあ。皆さん、座れませんね」と呆《あき》れていた。私たちは、「向こうの職員室は、六四席中二一席はあまっていて、管理職の先生方が、二つから四つ席を取っており、一二人が座るスペースは十分にあるんです。それなのにここに隔離されているんです」と訴えた。

　朝日新聞や読売新聞などのマスコミも相次いで学校に訪ねてきたが、管理職は居留守を使ったりしらばっくれるばかり。痺《しび》れを切らした「朝日」の記者が職員室の中で呼びかけると、あろうことか警察を呼んだ。しかし、通報した副校長たち自身が、居留守がばれてしまうので、警察を呼んでおきながら姿を現さなかった。「朝日」の二〇〇八年四月七日付夕刊には五段抜きで、「生徒との接触授業のみ」と大きく報じられた。

2 「立ち番」で学外に出させる

　担任はずし、部活動顧問はずし、教務指導規定改悪、隔離部屋と次々に行う常識はずれの攻撃で、教育・生徒がどうなってもかまわないという校長に、だれもが不信を募らせた。このような中で生徒に不幸な事件が起きてしまった。

　生徒たちは登下校時、小田急線柿生《かきお》駅に近い「あじさい門」を使用していたが、学校は二〇〇三年四月から登校時間が過ぎると「あじさい門」を閉めるようになった。遅刻した生徒は迂回路《うかいろ》を通って正門から校舎に入らなければならないのだが、迂回路には人通りのまったくない薄暗い道がある。二〇〇八年一一月、遅刻した生徒一名がこの道で痴漢被害に遭うという事件が発生した。

百瀬校長は同月、この事件を口実に、「学園防衛当番」なるものを指示した。授業のない空き時間に学校の外に立つことを、管理職を除く教師に業務命令として強いるものだったが、命じられた教師のほとんどは三つの組合いずれかに所属する組合員だった。私たちが事件の実態と当番の意味を問うても、校長は「あなたたちは知る必要がない」としか言わなかった。

「立ち番」と教育の阻害

当番時間はどんどん拡大し、三年生の授業が終了したあとの二月と三月、三年生の授業を多く持っていた教師は、実に週三一時間もの間、校外に立った。私たちはこれを「立ち番」と呼んだ。立つ場所として指定されたのは、住宅街の電信柱の下、生徒も近隣の方もほとんど通らない寂しい道、行って戻ってくるだけで授業一コマ分の時間を要する駅前のケーキ屋前、通学路にもなっていない交通の激しいコンビニエンスストア前など。学校は授業中であり、生徒指導とは関係のない場所だった。ある女性教師が人通りのない寂しい道で立っていると、通りかかった警察官が「女性教員が一人で立つのは危ない」と言ったということもあった。

「立ち番」中は、本を読んでも他の教師と話してもいけない。用務員が頻繁に自転車で回り、私たちの写真を撮るなどして監視していた。

隔離職員室は生徒の教室から五分はたっぷりかかるので、授業がある時、私はいつも、前の授業時間終了のチャイムと同時に、職員室を出発した。あとの章でもふれるが、休み時間のうちに教室に行き、読みやすい本を並べ、始業チャイムと同時に、一〇分間の読書の時間に静かに入れるよう、うながした。静まり返って本の世界に集中する体験は貴重だ。

また私は毎週ノートを提出させて点検を行っていたので、授業を終えるチャイムが鳴った後もノートなどの提出物を集めたり、生徒の質問に答えたりして残っていることがほとんどである。そうして生徒の提出物をたくさん抱えて戻ってきてからは、次の授業までに返却できるよう、点検し、添削する作業もある。週一回の漢字テストの採点もしなければならない。

また、その授業のクラス担任や、同じクラスを教えている教科担任と、生徒たちのその日の様子を情報交流することも重要な仕事である。さらに、二〇〇七年一一月の「教務指導規定」で放課後の補習が禁止されたため、昼休みや授業と授業の合間の一〇分休みには、漢字テストの追試を行ったり、未提出課題のやり方を教えに各教室周りをした。

「立ち番」は、そうした私たちの教育実践の到達点を突き崩すものとなった。これまで生徒のために使っていた、授業時間以外のすべての空き時間や放課後、学校の外に立っていなければならなくなったからである。

そこで私は、生徒のノートや作文、漢字テストを「立ち番」の場所に持っていき、路上で立ちながら添削したり採点し続けた。ある生徒は私がノートを返却したら「先生、ノートがひんやりとしているね」と言った。寒い路上で、かじかむ手でペンを握り、添削していたからで、それを生徒も察していたのである。時には手袋を脱ぐことができないほど寒いこともあった。

ある時、くたびれて橋のたもとで座り込みながらノートを見ていた。遅れて登校する生徒が通りかかったので「おはよう、気をつけて」と声をかけると、生徒には「あ、びっくりした。変な人かと思った」と言われた。極寒の中、毛糸の帽子を目深にかぶり、厚手の長いジャンバーを着た人がうずくまって路上で何か書いている姿は、確かに不審者と映ったろう。

二〇〇九年三月五日、橋の欄干を机替わりにして、新聞スクラップを貼り付けた生徒の提出物を添削していた。ところがその日は風が強く、生徒の作品が一枚、風に舞って、川に落ちてしまった。流れていったスクラップは、新聞ののりがはげて記事も別に流されてしまった。幸い、他の教師が竹ざおで拾ってくれたため、それを川べりで乾かし、コピーをとってから添削し生徒には謝って返却することができたのだが。

「先生が職員室にいないんだもの」

放課後に外で添削しながら立っていると、教えている生徒が提出物を持って、訪ねてきたこともあった。「先生、やっぱりここだった。職員室に行ったらいないんだもの。ここにくれば会えるかもと思ってきたんだよ」。その場で提出物を見、「頑張ったね。気をつけて帰ってね」と励ましの言葉をかけた。

大変なのは雨や雪の日である。もちろん生徒の提出物を広げることはできない。生徒たちのための準備ができない焦燥感に駆られながら、ただじっと立っているしかない。意味のないことに時間を費やすことがどれほど、人を傷つけ、痛めつけることか、次の時間に生徒たちに対応するための仕事ができない焦燥感がどれほどのものか、どうか想像してみてほしい。

一月から三月にかけての間は、まさに極寒とのたたかいだった。まるでスキー場に行くような防寒対策をしたが、それでも身体的ダメージは大きく、帰宅すると毎日ぐったりだった。ある日、ある生徒が隔離職員室に訪ねてきた。「校長先生は学校の先生ですよね。学校の先生がいじめをしていいんですか？」と怒りに震えて言い、「先生たち寒いと思って」と自分のお小遣いで買ったというホカロンを持ってきてくれたのである。

冬の豪雨の日。「立ち番」一時間目、すぐ靴に雨がしみこんだ。二時間目、靴下を履き替えても靴はぬれたまま。三時間目、今度は腰から下がぬれる。四時間目、ビニール袋を靴下の上から履き、ぬれた靴を履いた。五時間目、とうとう傘から雨がしみ出し、壊れた。寒さを通り越した寒さ。しかし、風邪を引いてなどいられないのである。

処分の連発

二〇〇九年二月、生徒の試験中、「立ち番」に行かずにテスト採点を行っていた教師が処分された。また、翌三月のある暴風雨の日、私たちは「天候好転まで待機します」と当番を見合わせたが、校長は、「当番を無視した」として処分した。「立ち番」は、処分を乱発し退職に追い込むことが狙いの業務命令であると感じられた。

百瀬校長は後に公の場で次のように述べたことがある。「組合員は、中学校訪問に熱心ではなく、学園に貢献しなかった。成果を出せない人には退いてもらった。組合員は秩序に従わず働こうとしない。経費の無駄遣いばかりしている。朝からコーヒーを飲んで遊んでいる、怠けている教員なので、仕事を与えるために『立ち番』に立たせた。それなのに、ちゃんと従わずに秩序を乱しているから処分した。本来なら懲戒処分だが、紛争を避けるため、理事長の温情で、訓告（引用者注：「訓告」は懲戒処分に準ずる処置で処分ではないとしている）にした」。教員の仕事ぶりを評価する基準が主観的で歪んでいるうえ、「怠けている」ので「立ち番」を命じたというのは、「立ち番」が生徒のためでも何でもなかったことを自ら明らかにしたものといえる。

学校から自宅にもどると私たちは、「立ち番」のために昼間できなかった仕事を片付けねばならない。もちろん、まとまった教材研究、定期テスト作成などの、じっくりと取り組む作業は、学校では一切できないため、それらもすべて自宅で行った。ことに週に三一時間もの間「立ち番」に出ていた教師は「殺されてしまう」と何度も思ったと、そのときのことを語っていた。

「立ち番」は、教育の仕事自体を根こそぎ奪い、被害は直接生徒に及ぶ。私たちは、教師として、人間としての誇りを日々著しく傷つけられていた。

今度は行事名目で

　このままでは私たちは、「立ち番」による健康被害と精神的な圧迫によって自主退職に追い込まれそうだった。元用務員の方は、百瀬校長がこの時の私たちのことを「風邪を引いて死んでしまえばいいんだ」と言っていたと、後に伝えてくれた。しかし、私たちは鶴川高校の生徒たちのために何としてもここで屈服することはできなかった。それに「立ち番」によって学校の中に教師がいなくなり、生徒たちが荒れていくのではないかということも心配だった。

　組合会議でその対策を何度も話し合った結果、二〇〇九年四月一日より、私たちは校外での「立ち番」をやめ本来業務に専念すると学校に通告した。同時にこの異常な「立ち番」をなくすために、賃金裁判だけでなく（賃金裁判のことは第1章の最後でふれたが次章でも述べる）、「立ち番」をやめさせるための裁判の提訴に踏み切ったのである。被害を受けた私たちの組合の組合員が連名で原告となり、被告は学園と百瀬校長として、損害賠償を請求する裁判だ。この準備のために、「まちださがみ法律事務所」の弁護士の方たちは、「立ち番」の場所に実際に出向いてくださり、実地で検分し、いかにこの業務が不当かを共有してくださった。これは私たちの命と鶴川高校の教育を守るギリギリのたたかいだった。

　百瀬校長はそのような状況の中、今度は行事名目の「立ち番」の命令を出した。二〇〇九年度から入学式、体育祭、文化祭などの学校行事の際に、私たちを校外に立たせ、行事が行われている学校敷地内から排除したのである。「立ち番」は解消されるどころか形を変えて拡大していった。

私は二〇〇五年度にクラス担任をはずされてからも、入学式の際には保護者の誘導や保護者の受付など、大事な業務を任されていたが、二〇〇九年度はとうとう入学する生徒たちの誇らしい姿を見ることもできなくなり、お祝いの言葉をかけることもできなくなった。

またこれまで、私たちは体育祭では「召集」や「誘導」「採点」などといった係を務めてきたが、二〇〇九年度の体育祭から「校外の生徒指導係」という名称の「行事立ち番」に就き、学校の敷地外に立ち続ける係となり、実に六時間五五分の間、外に立ち続けた。保健体育科の酒井真実さんのように、これまで体育祭の主要な仕事を担ってきたのに、それを無視されて校外にただ立たされた組合員もいた。

二〇一〇年六月第二週、体育祭の前の授業で、私が教えている三年生の生徒から「先生は体育祭の日、学校に来るの?」と聞かれた。前年の体育祭、グラウンドで全く私の姿を見なかったので、私のことを体育祭の日に休んだのだと生徒は思ったのだ。教科で教えている生徒たちが、リレーやさまざまな種目で頑張る姿を応援してもらいたいと思うのは当然の気持ちだが、それはかなわなかった。

二〇〇九年度の文化祭のときには、「補導案内係」の名称のもとに、学校敷地外での「行事立ち番」を命じられ、六時間四〇分もの間校外に立った。舞台や展示で活躍する生徒の姿は、全く見ることができなかった。

七、八月の炎天下の数時間に及ぶ学校見学会での「行事立ち番」の結果、日傘や帽子、日焼け止めで防いでいたにもかかわらず、私は胸元がひどい日焼けで火ぶくれになり、何週間も炎症を起こしたままだった。事情を知らない方たちに、「そのやけどのような日焼けはどうしたんですか？」と不審がられるほどだった。

二〇〇九年一二月の「行事立ち番」の頃のことである。出勤の際、真冬だからとたくさん着込んで家を出たのだが、駅に着いて少し暖かい電車の中に乗ると、顔がほてり、汗びっしょりになり、コートを着ていることができなくなった。一体どうしたことだろうと自分の体の変化にびっくりした。長時間の冷え、長時間の暑さ、そしてまた長時間の冷えという、一年以上の「立ち番」の結果、私は体温調節ができなくなってしまったのである。冬なのに、状況によっては団扇《うちわ》で顔を仰がないと、顔が熱くてたまらず、その後、急に手足が冷たくなったり、不快な状態が続くようになった。真夏にはその症状は日増しにひどくなり、どこへ行くのにも着替えを持ち歩かなければ出かけられない状態だった。

私たちは、命を守るため、この「行事立ち番」も拒否する決断に踏み切った。既に提訴していた「立ち番」裁判と同様の主旨のため、追加して共に審議してもらうこととなったのである。原告となった私たちは、「立ち番」によっていかに傷つけられてきたかを具体的に書いた陳述書を個人名でそれぞれ作成し、裁判の証拠として提出していった。

3　法の裁きが下った

証人尋問で答えられない副校長

二〇一二年四月一八日、「立ち番裁判」の証人尋問が行われた。五〇名を超える支援の方に駆けつけていただき、熱気に溢《あふ》れる法廷となった。この証人尋問は、原告組合から当時の組合執行委員長の松山恵美さんが、被告学園は加藤光代副校長が証言に立った。

松山さんは、「立ち番」がいかに教師本来の業務から逸脱した非道なものだったのか、そしてそれが鶴川高校の教育崩壊を引き起こす源になったことなど、余すところなく堂々たる証言を行った。

他方、加藤光代副校長は、「立ち番」の証人として出ているにもかかわらず、「立ち番」の時間帯も形式も把握していないことを露呈した。左陪席裁判官が、「他の学校で安全と称して通学路全部をカバーする学校はあるのですか?」と聞くと、加藤副校長は「知りません」と答えた。「授業時間の『立ち番』をやめましたね。今はどの時間帯に立っているのですか?」と聞かれた時には、「わかりません。昼休みやっているかもしれませんが、ちょっとこういう場所に来てあがってしまって、頭が混乱しているので」などと答えた。これに裁判長は、「副校長のあなたがわからないというのはどういうことですか。あなたが責任者なのだから、わからないということはないはずです。証人はよく記憶を喚起して答えてください」と注意した。しかしそれにも明確に答えられなかった。

また左陪席が「教育に携わるべき先生方を一日外に立たせるのではなく、警備員を雇うとかできなかったのですか？」と言い、裁判長が「案内の教員一〇名中九名が組合員なのはどうしてですか？」と聞くと、「原告の人たちの協力が得られず、募集妨害をされたので、せめて道案内でもしてもらおうと思いました」と答えた。裁判長が「原告が、『立ち番』ではなく、生徒指導や教材研究に時間をあてたいという気持ちは、同じ教員としてわかりますね？」と言うと、加藤副校長は「わかります」と答えた。だが、「ではなぜこのような『立ち番』をさせたのですか？」と聞かれると「教材研究は夏休み・春休みにも十分できます」などという始末。加藤副校長が日常的な教育に全く心を砕いていないため話がかみ合わず、裁判長は「もう結構です！」と尋問を打ち切った。

判決――被告の違法と責任

そして二〇一二年一〇月三日、三年七か月を要してとうとう「立ち番」裁判の「勝利判決」を手にすることができた。

地裁立川支部は、「立ち番」が私たち原告に「肉体的負担と精神的苦痛を課してまで業務命令として実施すべき理由に乏しい」ことをまず認定。その上で、「原告らは……授業での取組みや、教材や配布物の作成、テストの採点、提出物の添削など授業の合間に行うべき業務に支障が生じたほか……行事立ち番に従事したことで、当該行事の運営に全く参加できず、生徒の支援、卒業生や中学生など学校訪問者との交流の機会も持てなかった」と指摘した。

そして、百瀬理事長が組合に対し、その結成以来「長きにわたる抑圧」を続けてきたと総括した上で、「本件立ち番の指示は……原告から教育の出発地点というべき生徒とのコミュニケーションの機会、業務遂行を通じての自己研さんの機会その他教師の職責を果たす重要な機会を奪い、適切な処遇を受ける地位をも失わせるなど、原告らの教師としての誇り、名誉、情熱を大きく傷つける」と指摘。そして、「組合員である原告らを不利益に取扱い、かつ原告らの団結権及び組合活動を侵害するもの」と百瀬校長による「立ち番」指示の不合理性、違法性を厳しく断罪したのである。判決はそれを「労働契約に基づく指揮監督権の著しい逸脱・濫用《らんよう》にあたる」と、慰謝料一二二七万円（原告一〇名）の支払いを命じた。どれだけ異常で理不尽なことであっても、正当にたたかえば必ず断罪されることを証明したような判決だった。

さらに百瀬理事長の個人責任についても、「原告らに対する抑圧は鶴川高校を支配する被告百瀬の意思」によってなされてきたとし、「被告学園理事長兼鶴川高校校長である被告百瀬には民法七〇九条の不法行為が成立し、被告学園は私立学校法二九条、一般法人及び一般財団法人に関する法律七八条に基づく責任を免れない」「被告百瀬は、本件訴え係属後も原告らに対する敵意を隠そうとしなかったことなどを総合すると、被告らの共同不法行為の違法性の程度は著しい」と判断した。百瀬校長の組合嫌悪と異常な攻撃が厳しく断罪された、一〇〇パーセント以上の完全勝利判決である。

生徒、保護者に伝える

私たちは、この判決を前面に押し出して、生徒・保護者に知らせ、組合の主張を理解してもらおうと、二〇一二年一〇月一二日の放課後、ストライキを行った。ストライキは、労働組合に労働三権として認められている権利の一つである。私たちは授業が終わったあとの生徒たちが下校する時間に合わせて、保護者向けの文書を生徒たちに手渡していった。組合からのメッセージを直接生徒に渡すことは生徒を巻き込むことになるので、通常の学校生活の中では行っていない。だから、学校の問題点について正確な事実を保護者に知らせる場はこのストライキだけだった。

三時過ぎから行ったストライキ。少し肌寒い天候だったが、風もなくさわやかな青い空。その空を背景にするように、ピンク色の大きな「生徒も教師も生き生き元気」の横断幕が輝いていた。支援の方々もたくさん駆けつけ、応援してくださった。

「先生がんばって!」……声援が続く。「先生、校長やめるの? 私も校長おかしいと思っていたんだ。次誰になるの?」 新聞報道で校長の違法行為を知っている生徒たちは、校長が辞めるのは当然の流れと受け取っているようだった。

保護者に対し、ストライキを行った理由を説明し、率直な意見を聞くために、後日、私たちは「保護者と語る会」を開いた。ストライキの際、熱心に組合員の教師の話を聞いていた生徒たちが

「立ち番」裁判判決を伝える著者（2012年10月12日のストライキ）

保護者に伝えたことが大きかったのだろう、一〇月二七日の「語る会」には、多くの保護者が集まり、椅子がなくなるほどだった。組合から「立ち番」裁判と私たちがめざす学校づくりについてお話しし、熱気のある、また前向きな意見が活発に出された会となった。保護者の方からは多くの質問や意見が寄せられた。

「先生方がストライキを行い配布してくださった資料を読み……やっぱりと感じました。この学校はおかしいと感じていたのは私一人ではなかった」。

「入学式の会場で、すでに保護者が着席しているのに、マイクテストなどの指示を行う校長先生に違和感を感じた。文化祭では、生徒の出し物よりも、自分の歌の方が多くて驚いた。生徒の文化祭なのだから、自分の歌はカラオケでお願いしたい」。

「判決では勝ったが、今後どのようにするのか？」

「ここで話ばかりしていないで、もっと何かできないか」。

私たちは、組合として、生徒の人権が守られ、充実した学校生活を送ることができるよう努め、判決を「武器」に、文部科学省や東京都などへの要請準備を始めていることなどをお話しした。

判決の確定

「立ち番」裁判は学園側が上告したため高裁まで進んだが、二〇一三年六月に高裁判決が出て、原判決が確定し、慰謝料が支払われた。ただ、私たちの組合に対する「立ち番」はなくなったが、二〇二〇年の今現在も、組合員以外の一般教諭や常勤講師たち、用務員、事務職員などに対し、入試、学校見学会などあらゆる場面で、意味なく校外に立たせる、形を変えた「立ち番」は続いている。

また私たち組合員は、入学式・卒業式、文化祭、体育祭、学校見学会、始業式、終業式、入試というすべての行事からはずされ、職員室にいるように指示され続けている。私たちはこれを「座り番」と呼んでおり、「立ち番」と何ら変わりがないことを抗議し続け、文科省、東京都の私学部にも是正を求めて要請し続けている。

第3章　「学校崩壊」の中でみつけたもの

1 自主的「校内見回り」でわかったこと

二〇一〇年度、授業中の「立ち番」を拒否して教育活動を行っていた私たちは、教務指導規定の改悪問題に加えて、生活指導部と生活指導体制が機能しなくなってきていたことに心を痛めていた。この年、トイレや近隣マンションなどでの喫煙、現金の抜き取り、万引きなど、様々な生活指導上の問題が起こっていた。そして九月二二日には、授業中に、ある教師に対する暴力事件まで発生した。

しかし、秋田悦子生徒指導部長（五〇代、体育科教師）も加藤光代副校長（六〇代、家庭科教師）も、何の対処もしなかった。こういうできごとが起きた時、保護者との連携のもとに、その生徒自身が自己の行動ときちんと向き合うことができるよう、教師全体で「指導」にあたることなくしては、その生徒本人の今後の改善・成長は難しい。それにこのようなことが続けば、今後、学年を超えて他の生徒にも多大な影響を及ぼすことが危惧《きぐ》された。

しかし二〇〇五年度までに、まともな教育的対処ができる管理職（＝校長・副校長二人・教頭・教務部長・生徒指導部長・募集部長など）はことごとくいなくなったため、だれも責任を取らず、生徒のために学校として対処するということが欠落してしまったのである。私たちは組合名で「九月二二日事件についての事実経過と『指導内容』を明らかにするよう求めます」とした申し入れ書も出したが、その後も生徒指導部長、学年主任、クラス担任は当該生徒に対する指導をせず、腫《は》れ物のように扱うのみで、結果として「学校が暴力行為を容認した」状況となってしまった。

この問題は、それまでの二～三年、授業妨害や授業抜け出し、暴言などにきちんと向き合い、授業規律改善のための対策を、学校として取ってこなかったことが背景となっていた。学びを求める生徒たちは、「他クラスの生徒が教室に入るのは怖いので外に出してほしい」「授業中、校内の見回りをしてほしい」などと私たちに訴えた。あるとき、授業を抜け出している生徒に注意をしたところ、その生徒は「○○は、金さえ払えば進級してるじゃねぇかよ」などと言った。これは、前章でふれた「教務指導規定」の影響もあって、欠席や遅刻が著しく増大しつつあったことが、生徒の授業軽視と「荒れ」の根本的原因となっていることを示すものだった。

生徒の様子を把握しようと

私たちは「このままではいけない。学校が崩壊してしまう」と組合会議の場で何度も話し合った。しかし、文部科学省、都の私学部に是正措置を取るよう要請したり、学校には何度も「生徒指導の問題を話し合う場を持ってほしい。このままでは学校崩壊してしまう」と要請したが事態は変わらない。

私たちはこの二〇一〇年度の二月、議論の結果、手をこまねいていてはいけないと、行動に踏み切ることにした。まずは、年度末の一一日間、自主的に校内見回り活動を実施しよう、生徒たちの様子を把握することから始めよう、ということを決めたのである。幸か不幸か、その頃、組合員の私たちは授業の持ち時間を減らされていたので、①二人ペアで授業の空き時間に周る、②負担がないよう三時間目〜六時間目の中で実施、③他の仕事が入ったときには無理はしない、の三つをルールに、クラス担任を持っている村田智美さん、福岡久さん、野本香苗さん以外の組合員でシフトを組んだ。

見回りを始めて目の当たりにしたのは、二〇人にも及ぶ生徒たちが授業中の教室からこぼれ、廊下や階段、空き教室などにたむろし、授業をまともに受けることができていない実態だった。授業中に、他のクラスの生徒が教室に入り込んだまま授業が行われている状態も慢性化していた。「トイレに行く」と言って出たり入ったりすることが当たり前のように行われていた。ただ、見回りをする私たちに対して、「先生たち何しているの?」と言ったり、「担任に怒られるかも」と言ったりするなど、彼女たちなりに自分たちの行動が普通ではないことを意識はしているようだった。学年の担任教師たちも、心配して見回っていた。

私たちはその様子を組合会議で話し合った。「私たちは生徒の監視のために周っているのではない。授業に出ないで徘徊《はいかい》してはいるが彼女たちは学校に来ているからまだましな方だ。これから先、さぼっている生徒たちと本音で話しこめる状況がつくれるのではないか?」「一学年はまだ落ち着いているが、二学年は二〇人ほど、教室で授業を受けていない常連がいる。二学年は一学年時に授業に出なくても進級してきてしまっているので非常に困難だ」「クラス担任ではない私たちには何の権限も与えられていないから、強制的に教室に入れるのではなく、授業に行こうと、穏やかに呼びかけ続ける形でやろう」——いろいろな意見が出された。

一一日間の見回りをすべて終えた後にも会議を開いた。「生徒たちを人物別にどんな特徴があるのか分析してはどうか」「この見回りで、問題生徒についての共通認識がかなり持てたし、行動パターンも把握できてきた」「本来は生徒指導部が見回るべきだが、それが解体している。教務規定のひどさがそれに拍車をかけているのが現状だ」「三年生の前代未聞の欠席者数にもそれは出ている」……。

そして三月一一日。東日本大震災が起きた。授業日数が足りない生徒のための補充授業も中止となり、部活動も中止となった。生徒の登校は一か月間「禁止」となったのである。当時は交通機関も麻痺《まひ》しており、計画停電も行われていた。生徒たちはいろんな不安を抱えていたと思うが、鶴川高校は、部活動も含め生徒の登校全てを禁止にした。もともと、百瀬校長には、生徒を学校に来させない、私たちと接触させない、早く帰らせるという体質があったこともある。ところが一方、私たちに対しては授業がないのに、毎日電気のつかない薄暗い職員室にただただ「勤務」させるという措置をとった。酒井真実さんは、電池式の懐中電灯を頭につけて手元を照らしたり、私も簡易なスタンドを家から持ってきて取り付けたりして、何とかしのいだ。

その一か月間、私は「授業参加の視点での生徒分析・支援を必要とする生徒分析・発達障害の生徒分析」を行い、現状をまとめた。生徒を「A　授業に出ていない・休みがちな生徒」「B　体育や芸術などの授業への移動ができない・または授業中に廊下を徘徊する生徒」「C　授業に出て妨害したり・騒ぐ生徒」に分けた。次に、支援を必要とする生徒分析として「D　発達障がい傾向（ADHD・LD・自閉）」「E　精神障がい（心のケアが必要な不登校含む）」「F　問題行動（喫煙・万引・暴力他・遊び型の長欠）」と分けた。

そしてこれらの生徒たちの実態について、組合の仲間と話し合った。一学年は学校に来ていて、授業中妨害する、エネルギーのある生徒が多かった。が、一学年の担任に野本香苗さん、福岡久さん（二人とも組合員）がいて、他の教師と連携を取っていた。そのため、管理職（生徒指導部長）でもあった秋田学年主任以外、担任の全員が、生徒の面倒をよくみていた。もちろん、二年生になる時のクラス替えで、そうしたケアができなくなれば、当時の二学年のような状態になる可能性は十分あった。

「困った生徒」は困っている

こうした分析に役立ったのは、組合が時々開いてきた学習会で学んだことだった。組合は、生徒の実態に変化が出てきた二〇〇七年度から、生徒を理解するために、次のような学習会を開いてきたのである（カッコ内はそれぞれの講師）。「発達障がいとは」（都立青島養護学校梅が丘分教室の先生）、

「不登校の生徒にどう関わるか、チャレンジスクールでの特別支援の実践」（都立六本木チャレンジスクールの先生）、「総合の授業・生と性」（大東学園の先生）、「生徒の自治活動」（大東学園の先生と生徒会役員の生徒）、「高等学校での支援教育〜教育相談コーディネーターとしての実践報告」（神奈川県立田奈高校の先生）……。

二〇一〇年度には組合員の酒井さんが、七月に開かれた全国私立学校教育研究集会の「特別支援教育」の分科会に参加し、その内容を組合の皆に紹介し、学び合った。彼女は私と同世代の体育科教師で、部活動のバスケットボール部顧問をはずされ、幸か不幸か夏休み中に時間ができたため、以前から問題意識のあった特別支援教育の分科会に参加したのである。そこで、どの生徒も成長する権利があること、私たちから見て「困った生徒」は、実は本人がどうしていいかわからず「困っている生徒」なのだという、発想の転換も学ぶことができた。

おりしも、二〇一一年度四月には、旧校舎から新校舎への生徒の教室の引越しが決まっていた。旧校舎は次々に取り壊されたが、校長は、一棟だけ残っていた古い建物の教室だったところに全教職員の机を入れ、「これで職員室は一つになりました。第二職員室はなくなりました」という見せかけをやった。おそらく私たちが何度も訴えたため、都の私学部が見るに見かねて指導した結果ではないかと思われる。こうして私たちはやっとあのせまい「バッテランド」から解放された。

しかし、管理職とクラス担任は、新校舎にある「ホームルーム指導教員室」という部屋に新しい机があって、クラス担任は事実上そちらで仕事をしているため、古い建物の見せかけの職員室には私たちだけしかいない。隔離職員室の実態は変わっていないのだった。私たちには一切の情報が知らされず、この年度の授業の持ち時間や持ち教科がわかったのは、授業開始前日の夕方だった。

そこで、私は、新校舎の中を歩いて回り、その絵地図を作成した。新しくきれいではあるが、狭い教室に四〇人も詰め込まれ、身動きできないほど狭いこと、ウォータークーラーも水飲み場もないこと、各階に冷暖房やテレビまで置かれたオープンスペースがあり、また廊下に長いすやテーブルがたくさんあって、一度に二〇〇人の生徒たちが座れること、屋上のスカイガーデン、一階のテラスなど、休み時間には快適に過ごせるが授業中に入り込む可能性のある、心配なスペースがたくさんあること……を絵地図で明らかにしていった。

学校としての校内見回りが実現

引き続き二〇一一年度の見回りを開始すると、二、三年生はクラス替えになったばかりで落ち着かず、新入生は中学時代に教室で授業を受けてこなかった生徒たちの率も高く、案の定、たくさんの生徒が徘徊していた。それでも、「学校は学ぶところだよ。教室に入ろう」「こんなことをしていいの？　よく考えて」と生徒たちに粘り強く問いかけ、状況を記録し続けた。

やがて、私たちが見回っているとクラス担任の教師たちに、「ありがとうございます、助かります」とお礼を言われるようになったり、あまりにも生徒の状況が困難なので、三学年の担任となっている森教頭や川村募集部長が、私たちに愚痴をこぼし、教師同士として共感するという、今まででは信じられないことも起きた。演劇・児童文化部や影絵部が潰された際、激しい敵対関係になった人たちとは思えなかった。

そしてとうとう、公式に校内見回り活動表が作成された。私たちの活動が起爆剤になったことは間違いない。差別されている組合員はそのシフトに組まれていないが、私たちが同時並行的に自主活動を続けることで、生徒たちを真ん中にすえて皆で面倒を見る、という当たり前のことに、事実上一致団結して取り組むことになった。

2 野本香苗さんの担任はずし事件

二〇一一年一一月二日、五時間目に公式な校内見回り担当だった野本香苗さんは、二学年の生徒たちに「授業を受けよう、教室に入りましょう」と指導していた。その中には彼女が担任をしていたクラスの生徒たちもいた。野本さんは一年契約の常勤講師として雇用されていたが、ずっと契約を更新されてきた力のある教師だ。結成当初からの組合員で、当時四〇代の国語科の教師だった。また他の組合員がクラス担任をはずされていった中、一度だけ副担任となった以外はずっと担任を持ち続けていた。

五時間目の始業時、二学年の教室のあるフロアの踊り場には四〇人近い生徒たちがあふれていて、騒然としていた。野本さんが「チャイムが鳴ったから教室に入って授業を受けよう」と生徒たちに声かけをすると、生徒たちは反抗し教室に入らず、授業を受けないで暴言を吐き続けた。

翌日、驚いたことに、野本さんの座席に百瀬校長がやって来て、「生徒とトラブルを起こした」として突然野本さんをクラス担任からはずした。ホームルームで配られた百瀬和男名の保護者宛の「担任変更のお知らせ」には、野本さんに対する誹謗《ひぼう》・中傷の言葉が記されていた。野本さんのクラスの生徒たちは驚き、悲しみ、怒り、泣きながら野本さんの元にかけつけてきた。

「どうして生徒に授業を受けようと指導した先生が、こんなことになってしまったのでしょう。それに、あの保護者向けの手紙はとてもひどいです。文章もおかしいし、ビックリしました」。

「野本先生はとてもいい先生です。生徒思いです。やんちゃな人を注意しても、その後は笑顔で授業を再開するので、いつも良い雰囲気で授業が受けられます。笑顔で授業をしている先生は、『教師という仕事が好きなんだな～』と思えます。私は野本先生が好きです。担任は野本先生がいいです」。

これらは野本さんのクラスの生徒の言葉である。「教室に入ろう」と指導を受けた当の生徒たちも、実は野本さんのことが本当は大好きであり、野本さんに謝りのメールを入れてくるなど、自分たちが担任はずしの原因となったことをとても後悔していたのだ。だから彼女たちにとっても、このクラス担任はずしはショックだった。大好きな野本さんが担任からはずされたのは自分たちのせいだと、クラスのみなから言われているように思い、だからこそ余計に教室に入れず、さらに「荒れる」要因ともなってしまった。

「荒れ」ていた生徒たちのこと

本末転倒な担任はずしによってさらなる「荒れ」を引き起こしてはならないと、私たち組合員は、事件の翌日から三学期の最後の授業までの全ての時間、一時間目から六時間目まで、二学年の教室前の廊下に交代で張り付いた。生徒たちを見守り、その様子、「荒れ」、学校側の動きなどを細かく記録し続けた。

一部生徒たちによるベランダや教室内での喫煙や暴力的行為が日常茶飯事になってしまっていた。普通の生徒たちは、それを遠巻きに見ながらおびえて生活している。まさに「学校崩壊」というべき事態だった。

「私たちのことなんかほっといて！」という生徒たちに、私たちは何度も言った。「ほうっておくことは絶対にないよ。鶴川高校の生徒だから。大事な存在だよ。学んで力をつけてほしい。私たちは決して見捨てない。あきらめないよ」。

組合会議では、校内にたむろし続ける彼女たちの本音に寄り添い、少しの頑張りを励まし続けようと確認した。「荒れ」ている生徒たちも、個々に向き合う機会があれば、その内面にはむしろ素直でまっとうな心があることを私たちは把握していたからだ。

音楽の授業で、自分自身に「切れ」ながらも難しい楽典に必死に取り組んでいた生徒、世界史で戦争のＤＶＤを真剣に見て鋭い感想を書き、「私の感想もプリントに載せて」と言ってきた生徒、「デートＤＶ」の本の抜粋を印刷したものを渡したら熱心に読み、「続きをください」と取りに来て自分の彼氏とのつきあい方を考えていた生徒、自分の進路についての不安や人生の悩みを思わず私たちに語りだし、「石にかじりついても授業に出るよ」と言った生徒……。彼女たちも一人ひとりは様々な困難を抱える、援助が必要な生徒たちであり、本当は先の見えない今の生活が不安だったのだ。私たちはそうした彼女たちの姿や、小さくはあっても大切な成長を見逃さないようにし、揺れる思いを分析し、共有してきた。

一方、組合員の教師と接し、「頑張ろう」という前向きな兆しを見せた生徒たちに対し、秋田生徒指導部長が、私たちの悪口と間違った情報を与えていることも伝わってきた。その結果、またしても生徒たちは私たちに対し攻撃的になる。生徒の成長を阻んでまでも自己保身と組合攻撃を行う心ない大人に振り回される生徒たちの姿に、私たちは心を痛めずにはいられなかった。生徒の成長の可能性を信じて、間違ったことをした時にはきちんとその反省の機会を与えること、そして、授業を受けて成長するという当たり前のことをきちんと学校が保障すること――私たちはあらためてその大切さを感じるとともに、これを崩し、生徒たちをゆがめ利用している校長たちの非教育的なやり方に、心の底から怒りを感じた。

法的手段をとり保護者にも訴える

この状況を打開するために私たちは法的手段をとることにした。野本さんのクラス担任はずしは、常勤講師だった野本さんの専任教諭化を組合が強く求めていたことへの報復という側面があった。そのため二〇一一年一二月末、都の労働委員会（労使の間で起きた問題を裁く裁判所のような機関）に、このクラス担任はずしは不当労働行為（組合活動を阻害・弱体化させるための攻撃で、法律で禁じられている）で違法なので、撤回するよう求めて救済申し立てを行ったのだ。

同時に、野本さんのクラス担任はずし撤回を求めてストライキを実施し、保護者宛ての手紙でこの事態を訴えた。ちょうど終業式を終えて帰宅する生徒たちに向けて、昇降口の前でハンドマイクで宣伝しながら、保護者宛ての手紙を手渡していった。真面目に学んでいる多くの生徒たちが私たちのそばに寄ってきて、真剣に話を聞いてくれた。保護者には手紙と共に今の学校の状況についての意見を寄せてもらおうとアンケートを配布すると、多くの保護者から回答が戻ってきた。

「まずストライキは当然だったと思います。小冊子も全て読みましたが改めて校長の独裁体制に驚きました。うちの娘は野本先生のクラスだったので、娘を通して今回の件に関しても色々話は聞いていました。教師として当たり前の指導をした野本先生を処分するのはおかしいと思っていました。娘は野本先生を慕っていたのでショックを受けていました」。

「正直驚きました。教育は人格形成にとって非常に大事であり、社会人になるための基礎だと考えています。冊子にありましたように生徒の欠席・欠課に関係なく学費だけ払っていれば進級・卒業できるというのは、あり得ないことです。また、昨年九月の台風の時も、関東に上陸すると朝からニュースで言っていたにもかかわらず、六時間目まで授業をするという判断をしたということに怒りさえ感じました。そのような判断をする学校があるとは思ってもいなかったので、信じられませんでした。一日も早く娘を安心して通わせられるような常識ある健全な学校にしていただきたいと思います」。

ストライキについての保護者対象説明会にも、新たに駆けつけてくれた保護者が少なくなかった。そこで保護者から出された意見を元に二回目のアンケートを作成し、二月に再びストライキを行った。このストライキの反響は大変大きく、翌日から前回を上回る声が続々寄せられた。

屋上に一六〇本のタバコの吸殻が

二〇一二年度は、新入生が今までより二クラス増の九クラスとなった。中学校時代に学校生活を送る上で困難を抱えた生徒もたくさん含まれていたが、生活指導の体制は依然として崩壊した状態にあったため、状況は深刻だった。

私たちは見回り活動を引き続き行い、新年度になってから屋上スペースで、実に一六〇本のタバコの吸殻を発見した。屋上が生徒の「常習喫煙所」と化していたのである。それを報告しても秋田生活指導部長は何の手も打たなかった。

このような中、新一年生を含め授業に入れない生徒は増加し、新しい人間関係を構築することに困難を抱えた生徒同士のもめ事も後を絶たなかった。一部の生徒たちは、制服を着ないで私服で登校するなど、校則違反がエスカレートし、それは他の生徒たちにも及んでいった。私たちは、毎時間授業に入れない生徒たちの様子を見守り続け、教室で勉強するよう呼び掛け、彼女たちを応援し続けた。

野本さんが証言したこと

二〇一三年一月一七日、都の労働委員会にて、野本さん本人の証人審問が行われ、野本さんが二一年間ほとんど一貫してクラス担任を持ち続け、生徒指導にあたっていたこと、その後の担任はずしがどういうことだったのかを、詳しく証言した。

野本さんが担任をはずされたあと、野本さんの代わりにクラス担任となった教師は、その時の生徒たちに作文を書かせており、野本さんはその作文を彼から渡されていた。野本さんはこれについて、次のように証言した。「この作文は在籍三六名中、その日に出席していた二八名の生徒のものでした。内容はほとんどが『授業に出るように注意した先生が担任から外れるなんておかしい。校長のやり方はおかしい』と書かれていました。生徒たちの言葉から、本質を見て捉えようとしていることがわかり、うれしく思いました。注意を受けた生徒たちのものも、『あの時は感情的になって言い過ぎた』と反省するものでした」。

さらに「二学期途中でいきなりクラス担任をはずされたことは、教師として証人にとってどのような問題でしたか?」という質問に対して、野本さんは次のように堂々と述べた。

「私は、二一年間継続して担任業務を担い、その間注意を受けることはありませんでした。今回の件は、私が積み上げてきたものを全て蔑《ないがし》ろにし、誇りと名誉を傷つけられました。クラスの生徒には、三月まで私が担任だと思ってやってきたのに、それが断たれたことで余計な心配をさせてしまったことが悔しいです。また、この時抱えていた問題を解決できないまま中途半端に投げ出してしまったことが、保護者の方にも迷惑をかけて申し訳ない思いでいっぱいです。

成長過程の生徒は間違った行動をとることもあります。それをきちんとただし、反省の機会を与え、教育していく場が学校です。その生徒たちの軽い気持ちで言った言葉を利用して、私をクラス担任からはずすことで、生徒たちの心を深く傷つけました。このようなことは許すことができません。どうぞ公正な判断をお願いいたします」。

「荒れ」の背景と不当労働行為

続く二月二六日、再び都の労働委員会において、同じ組合員の板橋圭子さんと酒井真実さんの証言が行われた。

まずは板橋さんが、野本さんの担任はずしの発端となった生徒の「荒れ」の背景事情を証言していった。百瀬校長が生徒を犠牲にしてまで組合攻撃をしてきた歴史的経過、その上で、かつては生活委員会のあいさつ運動をはじめ、生徒指導部が正常に機能して生徒の問題行動に対処してきていたのに、それを全く崩壊させ、生徒たちの荒れが進行していったことを証言した。

そして、野本さんの担任はずしの何が問題かについて、次のように述べた。「一つは、もともと村田智美先生と野本香苗先生二人しか組合員を担任につけないでおいて、そのうちの一人である野本先生をはずしたということは、明らかな不当労働行為です。二つ目は同じようなケースの別の教諭の場合は担任をはずさず、組合員である野本先生だけをはずしたという点で問題です。三つ目は授業を受けよう、という指導をした先生を年度の途中で担任からはずすという、理不尽さです。野本先生だけではなく、生徒たちにも大変なダメージとなりました。それは、二〇年間、一年契約の常勤講師であった野本先生を専任教諭にしてほしいという組合の要求に対する、最大の攻撃だったといえます」。

続く反対尋問では、学校側の弁護士が、時間を大幅にオーバーしながら、要領を得ない質問の連続で、呆《あき》れさせられた。たとえば、喫煙の現場を目撃し、対処をしようとしたのに学校がなんら対応しなかった件で、当初一緒に指導にあたろうとした教師の名前を執拗《しつよう》に聞こうとしたりした。それに対して板橋さんは、「それは言えません。組合と接触したことが明らかになることが、雇用問題での不利益につながるからです。組合以外の先生たちは、組合員のだれと話をしたかを監視されている状況です」と毅然《きぜん》と対応した。

酒井さんの証言では、学校が進級・卒業の基準となる教務規定をなし崩しにし、組合員をはずすために生徒指導部をつぶして指導をさせず、さらに「立ち番」業務命令によって多くの教師を学校外に追いやったことによって、これまで行ってきた生徒指導がまったくできなくなったことが語られた。そういう中で、学校は、野本さんの生徒への指導をトラブルにすり替え、担任からはずしたのである。いわば、生徒たちを不当労働行為に利用したともいえる構図だった。酒井さんは、野本さんがあの日、「教室に入ろう」と生徒指導をした直後に現場に駆けつけており、その時の状態について詳しく説明した。

「この生徒たちは、本当は成長したい、親のためにお金を貯めて旅行に連れて行ってあげたい、看護師になりたいなどの夢を持っている生徒たちでした。学校がルールをきちんと守らせ、指導を放棄しなかったならばもっと成長できたはずです。一日も早く正常な学校にし、このようなことが起こることがないようにしていきたいと思っています」。

百瀬和男氏本人の証言から

その約一か月後、二〇一三年三月二五日には、百瀬和男理事長・校長の本人審問が行われた。傍聴席は約五〇席ぎっしり満席の中、三時間に及ぶ審問となった。

百瀬校長は、野本さんの担任はずしの理由として、主尋問の中で次のような誹謗・中傷を行った。「野本先生はとても暗いんです。部活動も全然発展しない。信頼がないからそのような事態が生まれるんです。自分が教員だということで高をくくって、生徒のニーズに答えていないんです。そうした冷たさが事件の発端なんです。これはもう人格的な問題なんですね」。

教務規定の変更によって生徒の欠席遅刻が増えたという組合の主張は否定した。「出席日数を減らしたから生徒がサボるなんてありえないことです。鶴川高等学校に通う生徒はまじめな生徒が多いのです。ですから規定を緩やかにしたからといって欠席が多くなるなどというのは、大人の考え方です。生徒にはそのような気風はありません、まじめな子ばかりですから」。

生徒の「荒れ」は当時、三学年だけではなく一学年にまで及んでいたが、何の指導もしないのでエスカレートしていた。校長は六月、その中心的な一年生の生徒を数名呼びつけ、いきなり退学勧告をした。これまで何の指導もされていないのに、段階も踏まずにいきなり「退学」と言われた生徒たちは逆上して暴行に及び、校長自らが警察に通報する事態になった。

その時のことを審問で問われ、次のように証言した。「中に一人、とても粗暴な生徒がいました。ほとんど反省の色が全くなく、私が静かな口調で話しているのに、いきなり立って立ち上がって三人がけの机をけっとばし、私の腕をたたいたり、イスを投げつけられたんですね。教育の限界を超えていました。精神がおかしいのであれば病院に入るべきです」。

先の「まじめな子ばかり」発言と全く整合性のない矛盾した証言だった。また百瀬校長が、教育的観点を全く持たずに場当たり的な対応をしていることを自ら露呈するものだった。

さらに、数年前の都の労働委員会で組合員をクラス担任からはずすのは不当と言われ、三人の組合員を担任につけていた時期もあったことにふれて次のように述べた。「そちら（東京都労働委員会）の言うとおり、クラス担任を三人つけたのに、このような問題を起こしたので、担任をはずさなくてはならなくなりました。本当に困ったことです。労働委員会に責任を取ってほしいと思っています」。この全くお門違いな発言には、労働委員会の三人の委員も開いた口がふさがらない様子だった。

つづいて「中央法律事務所」の江森民夫弁護士が百瀬校長に反対尋問を行った。江森弁護士が、この件について、野本さんから事情を聴いたかと問うと、百瀬氏は、「本人から聞き取りはしませんでした。必要ないと思いました」と言った。「野本先生を担任からはずしてほしいと言っている生徒は野本さんのクラスのうち何人いましたか？」の問いには、「クラスの生徒全員が賛成してくれました。調査はしていませんが、私が野本さんのクラスのホームルームに行ったんですよ。みんな賛成でした。私が見てますからわかるんですよ」と答えた。すでにふれたように、このクラスの生徒たちの作文で、大多数が百瀬校長のやり方を批判していたことが、野本さんへの審問の際に明らかになっていた。これは、彼の証言が、事実を自分に都合よくねじまげたものにすぎないことを印象づけるものだった。

「まちださがみ法律事務所」の志田なや子弁護士が補足質問で、「授業に出ましょうと言った野本先生の指導は間違っていたと思うのですか？」と聞くと、百瀬氏は、「はい、間違っています。授業に入れない生徒からは『どうしたの？』とよく事情を聴いてやる必要があります。組合員は学校の許可も得ず、校舎内をうろうろしていて秩序を乱してばかりいるんです」などと答えた。授業に出るよう促すことを間違いだと校長が言うのだから、呆れた話だ。校長としての彼の資質に大きな問題があることが、よくわかる審問だった。

賃金訴訟の判決で賃金是正へ

野本さんの事件を都の労働委員会で争っていた時期、ちょうど東京地裁でも教職員組合が起こした賃金訴訟（第三次）の裁判が進んでおり、二〇一三年三月二一日には判決があった。

第1章の最後でも触れたように、百瀬校長は定期昇給を停止していた。これは教職員を経済的事情から、自ら退職せざるを得なくさせるものであり、私たちは裁判を起こした。この裁判は過去二年分の判断を求めるもので、三次にわたる訴訟となった。第一次、第二次でも組合は勝訴していたが、第三次の判決も、定期昇給の停止によってもたらされた教師の賃金の減額分の全額支払いを、学園に命じるものだった。第三次の裁判の際、定期昇給停止の理由とされた「訓告」処分は、主に「立ち番」に関するものだった。

判決は第2章で述べた前年一〇月三日の「立ち番判決」（組合側の勝利判決）をふまえ、「立ち番」が「指揮命令権を著しく逸脱・濫用《らんよう》して行った違法性の高い不当な行為」であり「立ち番の指示に従わないことは正当」と断じた。また「訓告」は「もっぱら組合員を弾圧する意図でなされた」ものので「そのような状況に追い込んだのは被告ないし理事長自身なのであって、その点を棚に上げて訓告処置等をすること自体が、極めて自己中心的あり、不当との評価を免れない」と、百瀬理事長の責任に厳しく言及した。

学園は控訴を断念し、判決が確定した。さらに学園は、組合が第四次訴訟として準備していた二〇一一年度・二〇一二年度の定期昇給差額分も支払った。そして、二〇一三年度の定期昇給も行うとして、四月二五日にこの是正を全て反映した賃金を支給した。

これにより、私たち裁判でたたかった組合員以外の教師を含む、職場のすべての専任の教師に、それまでの定期昇給分の差額が一度に支払われた。私たちは、何人もの同僚教師から、「ありがとう、あなたたちの組合がたたかってくれたおかげだ」とお礼を言われた。但し、常勤講師の定期昇給差別は依然として解決しておらず、低賃金に据え置かれたままだった。

「あ、おはようの先生だ!」

授業中に廊下に出ている生徒たちだけではなく、頑張っている生徒たちのことも励まそうと、私たちは、二〇一二年一一月から正門に立ってのあいさつ運動を交代で始めた。門であいさつを交わすことで、その日の生徒たちの様子がとてもよくわかる。授業で教えていない生徒の名前もずいぶん覚え、授業の補講に行くと、「あ、おはようの先生だ!」と言われた。ある生徒は、酒井さんの保健のテストの答案の裏に、「……毎朝校門で先生を見たとき私は『先生たちご苦労様』とずっと毎日心の中でつぶやいていました」と書いた。門で、一部の生徒たちから、「お前ら、学校やめろ!」と言われても、「やめないよ。私たちはずっとこの学校にいるよ。卒業したらいつでも遊びに来てね」と声をかけ続けた。

授業中の自主的見回り活動も、クラス担任の先生方が授業開始から一五分、教室に入るよう指導し、いったんホームルーム指導教員室（クラス担任を持っている同僚たちの職員室）に戻るのに合わせ、私たちは独自の二人体制のシフトで一五分後から見回りを始めた。そして廊下のベンチで寝そべったり、音楽を聴いたり飲食をしている生徒たちに「こんなことをしていていいの？」「ちゃんと考えて勉強しよう」と声をかけ続けた。

体育祭当日も、「職員室の座席にずっといてください」という、私たちを行事から排除する異常な校長命令を振り切り、手薄だった生徒見回り指導をし、競技中に勝手に外に出てコンビニでアイスを買ったりする生徒を指導したり、生徒の様子を見守った。

新校舎がすべて完成し、古い校舎に隔離されていた私たちは、二〇一三年八月五日にとうとう新校舎に引っ越すことができた。もちろん、ホームルーム指導教員室とは別の部屋だが、新しい校舎の職員室にきれいな机を四三個も入れ、クラス担任を持たない私たち一四名を固めて座らせた。それでも、二〇〇六年に管理職やクラス担任のいる職員室から遠い場所である七号館の隔離職員室に移されて以来、生徒がいる建物に引っ越したのは実に七年半ぶり。ホームルーム指導教員の先生たち、生徒たちと同じ校舎に入り、生徒指導にもとても有利な条件が広がった。

不当労働行為を認定、担任への復帰を命じた都労委

二〇一三年一一月、東京都労働委員会は、野本さんに対する年度途中の担任はずしが労働組合法第七条にあたる不当労働行為であり、支配介入であると認定、彼女を担任に復帰させるよう学園側に命令した。

命令は、年度途中にクラス担任からはずされることが、「教員としての自負や誇りを深く傷つけるもの」であるとした上で、クラス担任をほとんどはずされたことがない唯一の組合員である野本さんに対する、一方的かつ一面的な学園の見解に基づいた担任はずしであり、野本さんが学園の嫌悪する組合の組合員であるが故になされた不利益取扱いであるとした。また、この担任はずしは、「他の教員や生徒との接触の機会を減らし、組合の影響力の低下を図った」支配介入にあたると判断している。

野本さんのクラスにいた、あの時傷つけられ、担任を奪われた生徒たちに対し、私たちが教師として筋を通すことができた、と確信できる内容だった。私たちの思いが、いつかあの時の生徒たちに届く日が来ることを、私は信じている。

この命令は、百瀬校長による学校運営が根本的に誤りであることを指摘していた。その後、学園側が控訴し中央労働委員会まで争ったが、二〇一四年一二月、組合側が勝利した命令が確定した。学園側はこれを不服として行政訴訟を起こしたが、二〇一六年三月三一日、東京地裁は緊急命令を

出した。内容は、「二〇一三年一一月五日付東京都労働委員会の命令に従い、組合員野本をホームルーム指導教員（引用者注：クラス担任のこと）に就けなければならない」というもので、不履行の日数が五日を超えると毎日一〇万円ずつの罰金が生じる、というものだった。こうして、野本さんが五年ぶりに担任に復帰し、組合員が一学年担任団に二人となった。野本さんは生徒たちにきめ細かく関わり、地道に前向きに学びに向かう生徒たちの後押しをした。

学園側が上告し続けた行政訴訟は、とうとう二〇一七年七月、最高裁上告不受理決定が出され、「担任はずしをしたことは誤りだった、今後二度とこのようなことは行わない」という謝罪文を出すよう命じ、学園は謝罪文を職員室内に掲示した。

秋田生徒指導部長は二〇一三年度で退職した。裁判をたたかいながら、職場での取り組みが実を結びつつあった。私たちも、この頃にようやく「学校に学びが戻ってきた」と実感できたのである。

第4章　若い非正規雇用の教師たち

1　多くの教師がやめていく学校

二〇〇五年度に百瀬校長が就任して以後、クラス担任はずし、部活動つぶし、教務規定の改悪、「立ち番」などで、教師はもちろん教育にも生徒の学校生活にも矛盾が深まった。その上、百瀬校長は一時金をゼロにし、定期昇給も止めてしまった。

当然ながら、毎年次々とたくさんの教師が辞めていく事態となってしまった。その結果、教師の数が少なくなった二〇〇八年度から、百瀬校長は一五年ぶりに常勤講師の採用を再開した。新たに鶴川高校の教師となった若い常勤講師たちは希望に燃えて、目の前の生徒たちにまっすぐに向き合った。常勤講師は一年契約の非正規雇用で、月額給与は一九万八三〇〇円、ボーナスなし、昇給なしという低賃金・劣悪待遇だったのだが。

この学校の生徒が大好き

二〇一〇年度に採用された新任常勤講師の荒木寛人さんは、「ぼくは、この学校の生徒が大好きなので、できれば長く勤めたい」と話していた。美術の教師として、生徒たちの表現欲求を引き出す精力的な取り組みを進め、文化祭では生徒たちが授業で制作した、自分たちのメッセージが強く伝わるポスターなどの作品を展示した。

彼が二〇一一年度に担任した一年生のクラスを私も教えたが、一学期は教室に入れない生徒が数人いて、荒木さんはその指導や対策に奔走していた。この年度の二年生の一部は秋田悦子生徒指導部長から特権的に扱われ、問題行動を容認されたり、ブランドものをプレゼントされたり、占いを授業中にしてもらったりしていた。荒木さんのクラスの一部の生徒たちも二年生の一部の生徒たち同様に秋田生徒指導部長に甘やかされ、授業中に廊下で占いをしてもらっていた。生徒自体が元々抱えている困難にプラスして、秋田さんによる甘やかしのために、余計に彼女たちは授業に出なくなり、クラスが荒れる原因となっていた。この年度の二学期には、第3章で述べた「野本香苗さんの担任はずし事件」が起きるなど、校内は危機的状況だった。

しかし、荒木さんが正面から正義を通してクラス運営を行う中で、一学期は萎縮《いしゅく》しておとなしくしていた真面目な生徒たちが、三学期には授業の中で堂々と発言してクラスをリードし、学びの質を高めていくようにまでなった。その荒木さんは二〇一一年度末、結婚を控え、仕事においても一層本腰を入れて鶴川高校に勤めたいと思い、校長に「専任教諭にして下さい」と要望する。しかし百瀬校長の答えは「お断りします」だった。この頃は「常勤講師は二回しか契約更新しない」という就業規則を渡されていたので、常勤講師のままでは荒木さんはあと一年しか勤めることができない。荒木さんはそのことに絶望して、生徒たちに心を残しながら退職してしまった。荒木さんだけでなく、複数の若い常勤講師が同様にやめていった。

前述したように、私たちのいる職員室とは別に、管理職とクラス担任だけがいる部屋は、ホームルーム指導教員室と呼ばれていた。そこでは教育がないがしろにされ、若い教師たちに対するパワハラが日常的に行われていた。二〇一二年度に秋田生徒指導部長の前の席に座ったある新任の常勤講師は、「気配を消していないと座席に座っていられない」と語った。存在感を少しでも出すと、秋田さんたちに大声で怒鳴られたり、嫌みなどを言われるというのだ。管理職などから、生徒の見ている前で理不尽な叱責《しっせき》をされ、教師として自信をなくした人もいた。

校長の支配により、鶴川高校の教育現場が崩壊していると、誰もが感じていた。職員会議もなく、教職員全員で、生徒一人ひとりをちゃんと「見る」という状況になっていない。生徒指導に関して明確な規定がなくなり、あいまいな指示しか出されないため、若い教師たちは探り探り指導を行っているのだった。クラスで問題が起こると全て若い担任の指導不足と言われ、学年全体で問題を解決しようとしない。生徒はもっと行事を楽しみたいのに、そのための準備期間がほとんどない。

学校は、二〇一一年三月の震災後、午後四時二〇分を完全下校とした。だから三時二〇分に六時間目の授業が終わってから帰りのホームルームを終えると、もう三、四〇分ほどしか放課後の時間がないのだった。それまで夏は五時半まで、冬は五時まで活動できたのに、四時二〇分には学校を出ていなくてはならず、部活動の生徒は、活動できないも同然だった。それを知って入部を断念したり、退部する生徒も相次いだ。

若い教師たちは組合が呼びかけた春闘アンケートに次のような声を寄せてくれた。「各教員、指導における考え方は違っていいと思います。しかし違うままであるのではなく、考えを各教員が互いに交わすことができる場や関係があると、違っていても基盤は共通したものとなり、指導の質も良くなると考えます」「放課後も十分な時間がないので、『勉強したい！　理解したい！』と思っている生徒のやる気を引き出す場が少なすぎると思っています。教えていても16：00には下校を促されてしまい、テスト前ですらそのようなことをされてしまうと、一体何のための学校なのだろうか……と感じてしまいます」「職員会議がないので、何をやるにも突然すぎて困る。事前に打ち合わせは大切。なぜ職員室で雑談や生徒のことを話してはいけないのか理解に苦しむ」。

2　若い教師の思いと奮闘

若手の大量退職、二〇人もの新人を迎える

こうした学校の状況のもと、二〇一二年度の若い常勤講師たちも大量に退職した。二〇一三年四月、新たに若い常勤講師が一二名、非常勤講師が八名入ってきた。全員二〇代であり、一・二年生では一六クラスのうち、一二クラスの担任が一年目二年目の若い教師たちだった。組合員でクラス

担任なのは、理科教師で私と同じ年齢の村田智美さんただ一人。二〇一一年度の途中で担任をはずされた野本さんや私を含むあとの七人の組合員は、古い校舎の職員室に隔離されていた。都の労働委員会から組合差別をしないようにという勧告があり、さすがに組合員全員はクラス担任からはずせなかったため、村田さんだけがこの後もずっとクラス担任を持ち続けていくことになる。

この年の新任常勤講師で国語科の竹本直樹さんは、五月から秋田さんの代わりに突然一学年の主任を任された。野本さんの担任はずし事件の東京都労働委員会の審問で、秋田生徒指導部長の責任が浮き彫りになり、校長はさすがに秋田さんを現在の一学年の学年主任のままにしておけなくなったからなのだろう。それにしても、入って一年目の竹本さんを学年主任にするとは異常である。当然ながら、学年主任、教科主任は、経験があり学年や教科を集団的にまとめていく力が必要とされるものだから、入って間もない、まだ学校の状況に不慣れな新任がつくべき役職ではなかった。しかし、経験のある教師が辞めていく中、組合員の私たち以外に経験のある教師を見いだせなかったことと、校長に一般常識が欠落していたことから、竹本さん以外の新任教師も複数、教科主任を任された。これ以降、新任や二年目三年目の常勤講師が、次々と学年主任や教科主任などの仕事を任されるようになっていく。

一〇月に行われた文化祭では、こうした流れの中で、校長が若い教師たち三人を指名して、生徒を楽しませるための企画を任せた。校長は若い教師たちが次々に辞めていくのを防ぐために、表面的なご機嫌取りをしていたのかもしれない。若い教師たちは文化祭当日、中庭でのサプライズ出し物として、まるでライブコンサートのように歌い、踊り、観客となった生徒たちは大いに喜んで盛り上がった。

実は二〇〇四年度までは、文化祭の日の放課後の時間帯に実施される後夕祭で、教職員の有志の出し物を自由にやっていて、生徒たちに喜ばれていた。過半数の教職員で合唱を披露したこともあったし、着ぐるみを着て踊りのパフォーマンスをしたり、寸劇や歌を披露した教師たちもいた。酒井真実さんはそんな時、持ち前の企画力、人脈を駆使してリーダー的な役割を果たし、私も酒井さんの指導の下、サルの着ぐるみを着て何度も出演した思い出がある。しかし、二〇〇五年度以降は、後夕祭がなくなり、一人で何曲も独唱し続ける百瀬校長以外、教師の出し物は消滅していた。だからこの若い教師たちの企画は本当に画期的なことだった。若い教師たちは「少しでも学校をいい方向に変えたい」という強い気持ちを持っていたのだ。「もっと子どもたちの放課後の時間を伸ばしてやりたい。部活動を思いっきりやらせてやりたい」と竹本さんは言っていた。

三学期となり秋田生徒指導部長が退職すると、新学年主任・竹本さんのもと、一学年では年度末のクラス替えにあたり、「だれが持ってもいいように公平にクラス分けをしよう」と話し合えるようになった。これまでは、例えば秋田さんのクラスだけに成績上位の生徒を集めたり、組合員のクラスにケアの必要な生徒ばかりを集中的に集めたりしてきたから、これは大きな前進だった。そして十分なケアが必要な生徒の分析を学年会議の場で行った。また進級を目前に、授業に集中できない生徒、生活面での指導が必要な生徒、著しく欠席の多い生徒については、学年として保護者に手紙を出し、保護者・生徒と面談をしていこうと決めた。うやむやのまま進級させていた二年前までと比べると、大きな前進だった。

私たちは、この頃に組合が開いた学習会で「甘やかさず、甘えさせる指導を」ということを学んでいた。講師は長く町田市で中学校教師をしていた宮下聡さん。私たちが「荒れ」た学校の現状をなんとかしたいと奮闘していたことにいつも心を寄せてくれていた。自身も中学校での「荒れ」を経験している宮下さんは、「私たちの教育は『鉄人28号』ではなくて『鉄腕アトム』を育てる仕事」と言った。「鉄人28号」は言われたとおりに従うロボット、でも「鉄腕アトム」は人間の心を持っている。体罰や管理ではなく、自分で考える力を育てる教育こそ大事だと力説された。

「荒れ」ているからといって厳しい校則で縛り、取り締まることは、実は子どもたちに自分で考えさせない「甘やかし」であり、本当は彼らの気持ちを受け止める＝「甘えさせる」ことが必要だということだった。生徒の気持ちへの共感が、生徒自らがルールを守り、成長していく一歩につながる。彼ら自身が自分の人生を大切にするためにどうするかを考えていく力をつけていくことになるのだという話で、一部の生徒たちの「荒れ」に心を痛めていた私たちの胸にストンと落ちる内容だった。

そしてまさに村田さんは、この「甘やかさず甘えさせる」やり方で、一学年の生徒指導の中でも実質的なアドバイスやフォローをしていたのである。だから学年主任の竹本さんたち若い教師たちからは、ひそかに「チーム村田ですよ、この学年は」と呼ばれるまでになった。一学年の取り組みに刺激を受け、二学年においても、補充授業・その後の取り組みにおいて学年みなで取り組む姿勢が見られた。

二五クラス中二二クラスの担任が一年契約

しかし依然として一年契約の不安定な身分で低賃金なのは変わらず、二〇一三年度末にも、新しい職場を求めてたくさんの退職者が出た。新年度になってからも、入学式前日に、「またこの矛盾が始まるんだなと思ったらもう無理でした」と突然退職する教師が出た。実に、常勤・非常勤合わせて全体の三分の一に当たる教師たちが辞めていった。

二〇一四年度も、三学年（二五クラス）全体でクラス担任は専任教諭がたった三人、一年契約の再雇用教員が三人、それ以外は、一〇名の新任常勤講師を含め一九クラスが若い常勤講師たちという異常な状況でスタートしたのだ。退職した教師の補充ができず、この時の年度初めは時間割さえ暫定的なもので、授業開始日から、着任したその日に退職した教師の授業の補講をつけるという悲惨な状況だった。

五月二七日に団体交渉が開かれ、新任の常勤講師全員が「使用者側」の人員として、校長に強制的に動員された。使用者と雇用者の間の交渉である団体交渉において、これは完全な違法行為である。しかし私たちはこの団交の場を逆に「組合を知る会」と位置づけることにした。ふだん村田さん以外の私たち組合員は、若い教師とは隔離され、組合ニュースで宣伝する以外の方法で私たちの思いを聞いてもらう場はなかったので、これをチャンスだと、彼らに組合の学校づくりのビジョンを熱く語りかけた。

この団体交渉の日、朝から欠勤し団体交渉に参加しなかった一人の採用一年目の英語科常勤講師は、翌日、百瀬校長から呼び出された。校長は、団交の日に欠席したことでその常勤講師を「組合寄り」だと判断したのか、突然、彼女に「来年三月で雇い止めをする」と通告した。彼女は「なぜ私だけがこんなふうに言われるのですか?」と質問したが、校長はそれには答えなかったという。この理不尽な処遇に彼女が、「それではもうやめます」と言うと、百瀬校長は「いつやめるの?」などと詰問し始め、結局数日後、六月第一週での退職ということになってしまったのだ。

この突然のできごとに伴い、彼女が持っていたクラスの担任は、別の新任の常勤講師に変更となった。しかも、退職した彼女の後の授業を担当する英語科の非常勤講師は、採用してから二日勤務しただけで退職、さらにそのあとに雇った非常勤講師も一日来ただけで翌日から来なくなってしまった。彼女たちは途中採用で、鶴川高校の生徒の実態もよく説明されず、いきなり授業に行かされたため、勤務し続けられなかったのだ。

結果、年度途中で補講が続き、生徒たちに大きな被害が及んだ。毎日自習で、ほかの教科の教師が補講につき、プリント学習をさせるなどの状況が二学期になるまで続いた。

生徒の問題行動と変化

この二〇一四年度の一学年の一部の生徒たちは、年度初めから授業中に連れ立って他校に乗り込んでしまったり、学校内の器物を破損したり、夜間に駅ビルの前でたむろしていたりするなどの派手な問題行動を繰り返した。二年目の常勤講師の学年主任をはじめ三人の教師が、管理的、威圧的な指導で乗り切ろうとしていたがうまくいかない。そこで問題の生徒たち一人ひとりとていねいに関わっていくと、落ち着いてじっくり取り組むのが苦手で、指示を聞けない、やり取りが難しいなど、発達障がい傾向が強い生徒たちだとわかってきた。

この年も一学年のクラス担任をしていた村田さんは、学年全体の取り組みの際に、だれかが特権的に強圧的な指導をすることをやんわりと押しとどめ、「みなでルールを決めて公平に指導しましょう」と助言した。そういう中で、問題の生徒たちの状態が少しずつ落ち着いていったのである。実は村田さんは、校長の意向で、二〇一三年度から二〇一九年度までずっと一学年の担任ばかりを持ち続けることになっていた。こうしてこの年度も、みんなで話し合いながら学年全体で指導していくという「チーム村田」化が進んでいた。

一方、三年生については、それまで担任が固定化され、校長に忠実な人しかいなかったのが、この年度、若い常勤講師三人が初めて二学年から三学年に持ち上がって担任となった。久しぶりにこの学年では、三年間を通して三人の教師が同じ学年団に所属し、生徒たちを見守ることになったわけだ。

しかし、三学年では生徒を短大へ進学させることが至上命題となっており、管理主義的で横柄な指導が横行していた。姉妹校で経営が厳しくなっている鶴川女子短期大学に、無理やり行かせるため、「あんたは母子家庭でお金ないんだから、外部短大なんか受けるんじゃない。鶴短の特待生を受けなさい！」という暴言を吐く担任教師までいて、人権侵害ともいえる「進路指導」がまかりとおっていた。そしてそれを新しく三年の担任となった若手にも押し付けていた。

前年度、「チーム村田」のメンバーだった若い教師の多くは新二学年に上がり、一学年の担任を続けさせられている村田さんとは学年が離れてしまった。二学年は、一学年次より授業に出席せず廊下などにたむろしている生徒が増加していた。抱えている状況が困難な生徒の率が高く、問題が噴出しているのだった。指導するのは、新任四人、勤務して二年目四人とすべてが若い常勤講師の学年団。学年主任は持ち上がりの竹本さんだった。彼らはとても仲がよい上、誰一人、管理主義的な生徒指導に走らず、生徒にまっすぐに向き合い、悪戦苦闘していた。

一学年の時に教室の中におとなしく収まっていた生徒の方が、二学年になって授業をサボる傾向があった。それは、いわば「鉄人28号」ではなく「鉄腕アトム」になる過程であると、私たちは見ていた。自分で学びの意味を自覚して授業を受けるようになる前段階として、現象的には退行していたのである。

また、一年次に村田さんのクラスだった問題生徒たちは二年になってあまり廊下に出ず、各クラスで学んでいた。これは前年度の村田さんの取り組みが、先述の「甘やかさず、甘えさせる」指導であったため、生徒たちがすでに自分の頭で考え、学び始めているのだと思われた。

二学年でクラス担任をする元「チーム村田」の若い教師たちは「やってらんないっすよ」と言いながら、懸命に頑張り、「この子たち、このままだったら社会に出て困りますよね」と廊下に出ている生徒に、一人ひとり声をかけ、彼女たちの言葉を聞いていった。一人ひとりに丁寧に接し、一時は授業を受けずに廊下で過ごす生徒が四〇名を超えるほどだったが、少しずつ教室に戻るようになった。私たちも、学年団が引き上げたあと、まだ廊下にいる生徒に声を掛け続けた。

「今、授業に入れずにいる生徒も、自分で判断して、自分で結果を引き受ける、問題解決力を身につけようとしている過程とみる。先の見通しを持ちながら、今の自分がどうしたらいいのかを考えさせる」――私たち組合員は、見回り活動について、こういうコンセプトが大事だと再確認した。

二学年は、学年主任の竹本さんを中心に、クラス担任たちによる学年打ち合わせも頻繁に持たれるようになった。そして、この年度の二学期、三者面談に取り組んだのだ。三学年の担任たちは、先述したように、何人の生徒を鶴川短大に送るかを競わせられていた。そして、三学年になるまで鶴川短大以外の学校の情報を与えず、短大進学以外の進路指導は「禁止」されていた。その影響で、百瀬校長の就任後は一学年、二学年での三者面談は消滅していた。しかし、生徒の困難な現実を前に、まともな話し合いを続ける中で、二学年は三者面談を実現させた。さすがに管理職もこの取り組みを正面から禁止することはできなかったのだろう。これは快挙だったといえる。

この面談を通して、一人ひとりが進路と向き合い、自分の生活を立て直そうという兆しが出始めた。年度初め、困難な生徒をたくさん抱えて「クラス運営が大変では?」と心配されていたあるクラスでは、クラスの中に学びの集団がつくられ、教え合い、励まし合って取り組み、二学期のテストの平均点が大きく上がった。このクラスの若い担任がテストを返却すると、教室から喜びの雄たけびの声が聞かれ、大きく盛り上がったという。そのクラスの三者面談の際、「何か言っておくことはある？」と最後に担任が聞くと、「先生、私、〇〇ちゃんがちゃんと進級できるか心配なんだよね。一緒に勉強教えてあげてるんだけどさ」と友だちを気遣う発言がいくつも聞かれた。若い教師たちが、思い思いに工夫して生徒たちに関わった成果である。

生徒たちの手で成功した文化祭

五月同様、九月の団体交渉も「組合を知る会」団交と位置づけて取り組み、「文化祭では、事前の準備こそが生徒を団結させる。準備時間をきちんと保障してほしい」と訴えた。その結果、一〇月の文化祭は一週間前より特別時間割となり、例年より多くの準備時間が保障された。

一〇年以上ぶりに復活した生徒会本部企画では、ファッションショーを実施。吹奏楽部と軽音楽部の生演奏の中、生徒たちが決めたテーマで仮装して登場。段取りも司会もすべて生徒たちの手によるもので、生徒会顧問の竹本さんは完全に黒子に徹していた。

また三年生が、自主的な頑張りにより、六月に実施された体育祭で「よさこいソーラン」を大成功させた。この二〇一四年度の三年生のほとんどは二年次、組合員の酒井さんが体育の授業を担当した生徒たちだった。酒井さんは、二学年の三学期からダンスリーダーを育てていて、まさにその生徒たちの自主的な力が体育祭を成功させたのだ。「よさこいソーラン」を体育祭だけではなく、文化祭でもやりたいと考えたダンスリーダーたちは、夏休みにひそかに集まり、酒井さんの指導の下で練習を重ねた。生徒たちのその盛り上がりを三学年の担任たちが聞きつけたのだろう。何と三年生全員による「よさこいソーラン」を文化祭で再び実演するという、鶴川高校始まって以来の取り組みにつながった。

酒井さんは、長年の間、三学年のダンスを指導していたのだが、二〇〇四年度の体育祭で披露した「よさこいソーラン」を最後に、百瀬校長から三学年の体育の授業担当をはずされていた。酒井さんがその当時のPTA会長から、「来年三年生になって、うちの子も酒井先生の指導でダンスをするのを楽しみにしています！」と言われたのを百瀬校長が目撃し、酒井さんを憎悪した結果のようである。しかし三年次に酒井さんが授業を担当していなくても、意欲を引き出す丁寧な授業が、生徒たちに力を与えていることを示すできごとだった。

その他にも、クラスや有志の生徒によるダンス、部活動の発表、テーマに沿った展示など、生徒たちが主体となって活躍する姿がこのように顕著だったのは二〇〇四年度以来だった。二〇一三年度に続けて、若い教師たちの有志が仮装して歌うサプライズ企画もあり、生徒たちは大喜びだった。

常勤講師の雇い止めの実態

このように充実した面もあった二〇一四年度だったが、一方で年度末までに二五人もの教職員が退職するに至った。中でも、一年契約でクラス担任を持ち、フルに働いている常勤講師が一三人も辞めるという、過去最悪の事態となった。

すでにふれたように、五月の団交に欠席したため攻撃されて途中で辞めざるをえなかった教師がいたし、ほかにも校長はこの年度の新任常勤講師を四人雇い止めにした。

九月の団体交渉で私たちは、常勤講師の教師の賃金があまりに低いことを問題にした。「年収は二二〇万円。東京都から支給される教職員割の補助金は一人あたり四一八万円なのにこんな低賃金に押さえて差額を溜めこんでいる、これは問題です」。この追及がきっかけとなり、百瀬校長は若い教師たちの意見を聞き始めた。

ある若い常勤講師は、校長に「家賃手当を出して下さい」と言い、また「生徒たちのためにカウンセラーを置いてほしい」と要望した。この後、勤続一〇年以内の常勤講師に、月額五万円の家賃手当が出されることになった。また生徒指導のためにカウンセラーが雇われることとなり、発案した彼が、カウンセラーの採用面接をした。三者面談を竹本さんと共に実現したのも彼である。ところが百瀬校長は、そのように意見を言わせておいて彼を雇い止めにしたのだった。「ものを言う教師」に脅威を感じたのかもしれない。彼は、「クラスの子たちのことを思うと本当にショックだった。正当に評価してくれる管理職にいてほしい」と語っていた。

また、「クラス担任が生徒を置いて、中学校に募集活動に行くのはおかしい」などのまっとうな意見を言っていた別の常勤講師が、雇い止めされた。実はこの頃は、第1章で述べた管理職だけではなく、すべてのクラス担任を持つ教師が午後になると中学校訪問に行かなくてはならない、というノルマが課されていた。だから、クラス担任であるにもかかわらず、毎週一～二回、午後から中学校に出張しなければならなかった。このことが生徒指導を難しくしているのを彼は見抜いていたのである。私たちももちろんそのことに問題意識を感じ、「教員の不在率」としてまとめて都の私学部などにも何度も要請をしていたし、組合ニュースでもそれを訴えていた。だから彼は「職場に組合があるのは当然だし、組合の先生方とは話したい。今の生徒たちは大変だけど可愛いから本当は続けたい。とても残念です」と私たちに話した。

校長のこうした卑劣きわまりないやり方で、辞めさせられたり雇い止めになったりした教師たちに共通していたのは、授業を大切にし、周りとつながりながら実践していたということだった。これらの雇い止めが引き金となって、若い教師たちが次々と自分から退職していった。二学年の主任まで務めた竹本さんも、三学年への担任持ち上がりと、専任教諭化を希望したが、校長に拒否されてやむなく退職した。

常勤講師をめぐる変化と組合差別と

二〇一五年度、またたくさんの新しい教師が着任した。常勤講師は何と一六人、非常勤講師五人の計二一人である。一学年一〇クラス中六人、二学年八クラス中六人が新任のクラス担任でスタートした。

組合員で唯一のクラス担任の村田さんのところには、若い、目をキラキラさせた新任の教師たちが次々と質問してきた。「教員の打ち合わせはいつですか?」「ないよ」「え〜」「職員会議はいつですか?」「ないよ」「え〜」「年間の予定はどうなっているのでしょう?」「わからないよ」「え〜」「時間割はいつわかるんでしょう?」「去年は授業開始の前日だったかな」「え〜」「学級通信出したいんですけど」「とてもいいことだけれど、『出していいですか?』って上に聞くと必ずダメって言われるからね〜。『学級通信』っていう名前を付けなければいいんじゃないかなあ?」 このように、次々にまともな質問があるので、村田さんはどこまで話していいやら対応に困ったそうだ。それでも、一学年は皆で仲良く生徒に向き合おうという活気に満ちていた。

しかし、校長は依然として私たち組合員を排除し続け、この年度、体育の酒井さんには、体育実技の授業を一時間も持たせず、保健のみ一一クラス四三〇名の担当とした。前年の体育祭で「よさこいソーラン」を大成功させる役割を果たした酒井さんが、生徒に大人気であることを嫌悪し、酒井さんの体育の授業をつぶすための嫌がらせだった。

二〇一五年五月二六日の団体交渉では、校長が二年目以上の八名もの常勤講師を一気に専任教諭化したことが明らかになるという、大きな変化があった。さすがに二〇一四年度の大量退職がこたえたのだろう、専任化せざるをえなかったのだ。しかし、野本さんともう一人の別組合の教師の二人は二五年以上勤めているのに専任化していない。組合への不当な差別の実態が明確になった。そこで組合が、「今いる常勤講師の先生を全員すぐに専任にしてください」と要求したが、校長は「お断りします。専任にする必要性も合理性もありません」などと言う始末だった。

私たちはこの年度の団体交渉も、新任の先生たちへの「組合を知る会」団交と位置づけ、丁寧に私たちが何を求めているのかを話していった。私たちの発言を、若い先生たちは食い入るようなまなざしで、真剣に聞いていた。

夏休みになり、私たち組合員は仕事を全くはずされていたが、対照的に若い教師たちは、日曜日も学校見学会に駆り出され、研修旅行の引率や進路指導、部活動などで忙しく働いていた。そして二学年ではこの夏休み中に自主的に三者面談も開始した。前年の一一月に初めて二学年の三者面談を実現して以来二回目、「子どものことがとてもよくわかっていい」「三者面談をしていて楽しい」と若い教師たちは口々に語った。

二〇〇五年度の百瀬校長就任後、保護者と教師のつながりを断ち、保護者同士のつながりを断とうと、保護者会をなくし、三者面談も制限されていた状況が少しずつ改善され始めていたのである。また、若い教師たちが生徒に混ざって真っ黒になってテニスコートを走り回る姿や、体験学習の準備で、部活動の生徒たちと共に、生き生き取り組む姿も見られた。

放課後の学びが戻ってきた

夏休み中の三者面談の効果か、二学期の滑り出しで、授業中に廊下などに出てしまう生徒が例年より少なく、やや落ち着いた。もちろんそれは長く続くものではなく、授業を受けられない生徒たちもいたが、若い教師たちは一生懸命関わり、支援・指導していた。彼ら若い教師は、当たり前のことを正論に基づいて進めた。無心に目の前の生徒たちの話を聞き、関わっていたのである。私たちももちろん、校長の妨害にもめげず、自主的見回りやあいさつ運動を続けた。

そういう中、数年前の「教務指導規定」で生徒との接触を断ち、放課後の補習が妨害されていたのが嘘のように、放課後の学びが戻ってきた。若い教師たちは、放課後生徒に教えることが禁じられているということを知らなかった。そんなことがあるとは思いもよらないのだった。ある若いクラス担任は、学習困難なある生徒を、組合員の音楽教師、渡邊紀子さんのところに連れてきて指導を依頼した。渡邊さんはマンツーマンの補習で、何十回も一緒に歌って、とうとうその生徒は全部覚えて歌えるようになった。

学校の中では当たり前のように、校舎のあちこちで生徒に勉強を教え、生徒たちも堂々と学ぶ姿が見られた。その影響で、生徒を呼んで指導していると、狂ったように私たちを攻撃していた元教頭の森さんまで、放課後生徒に補習するという、信じられない姿が見られた。

理不尽な雇い止めと野本さんの提訴

しかし乱暴な雇い止めは、二〇一五年度も続行された。私たちと同じ職員室に勤務していた常勤講師が三人、雇い止めになったのだ。この年初めて、クラス担任を持たない新任の常勤講師三人が、私たちと同じ職員室で勤務していた。彼らは、生徒のための学びを大事にし、朝も昼休みも放課後も、生徒たちがいつも勉強を教えてもらいにくる、本当に力のある教師たちだった。同時に、彼らと同期の七人の教師を翌年から専任教諭にした。しかし四人の教師は常勤講師のままだった。同期で、同じように仕事をしているのにもかかわらず、ある者は専任教諭にし、ある者は常勤講師のまま、ある者は雇い止めにする、理不尽な差別そのものだった。

二〇一六年四月、第3章で述べた東京地裁の緊急命令により、野本さんはクラス担任に復活した。そのため組合員が一学年担任団に村田さんと野本さんの二人となったのだ。

この年、前年に専任教諭になったばかりの北見香織さんが、井田昭夫副校長からセクハラの被害を受け、体調不良にまでなり休職した。その上、休職に入ってから、退職強要など様々な嫌がらせを学校から受けていたことがわかり、相談に乗る中で、彼女は組合加入を決意。実に八年ぶり、新しく入ってきた若手教師では初の組合加入だった。野本さんのクラス担任復帰で、「正しいことは、たたかえば実現できるのかもしれないと思えた。そのことが私の背中を押してくれました」と北見さんは語ってくれた。

希望を持って鶴川高校に着任する若い常勤講師たちが、大量にやめ、また大量に採用されるという悪循環を断ち切るため、野本さんは二〇一六年度八月に、いよいよ常勤講師の賃金差別裁判の提訴に踏み切った。前の章で述べたように、専任教諭の賃金は是正されたにもかかわらず、野本さんら長期雇用となっている常勤講師については、学校側は、どんなに要求されても応じなかった。そのため野本さんは、一九九九年度に定期昇給を止められてからずっと低賃金のままにすえ置かれていたのである。これは何としても是正しなければと周到な準備をし、裁判に臨んだ。

野本さんはいつも「私のことはいいから」と遠慮してきた。だが、自分以外の常勤講師が次々に辞めていく様子を見て、ここで常勤講師の差別を是正させないと教育の条理として最も重要な「継続性」が断ち切られてしまう、何とかして鶴川高校の教育を守りたいという思いが強くなり、提訴に踏み切ったのである。

鶴川高校の教育を成り立たせてきたもの

二〇一六年度が終わった時、再雇用二人、常勤講師三人、専任教諭三人、非常勤講師六人の一四人が退職した。そのうち、再雇用の二人と非常勤二人は、学校側から雇い止めを一方的に言い渡された。常勤講師は二〇一六年度の新任の人たちで、同期の半分がやめたことになる。専任教諭の一人は学年主任を務めていた三年目の方で、生活の見通しが立たず家族のために教職現場をあきらめ、会社員に転職した。先にふれた北見さんは、組合に加入して休職していたが、復帰を果たせず退職した。

若手の同僚を見ると、就職して六年目の専任教諭は一人、五年目の専任教諭は一人残っているだけ。四年目の同僚は一人も残っていない。二年目の専任教諭七人と常勤講師四人が奇跡的に踏みとどまっていたが、高い離職率の状況は変わっていなかった。

二〇一七年度は、新たに常勤講師九人、非常勤講師五人が採用され、合計一四人の新人を迎えた。一年生の担任団には、引き続き村田さん、野本さんの二人が入っていた。また、私たちが都の私学部に何度も要請してきたことだが、担任以外に学年付きの若い教師が、三年生に二人、二年生に二人、一年生に一人付き、担任代理として、あるいは学年全体のために動いていた。

学年持ち上がりの担任団という意味でも、二〇一七年度は、三学年への持ち上がり教師が三人になった。二〇一四年度以来である。

鶴川高校では、もともとクラス担任は三年間持ち上がりが原則だった。二年次から三年次にはクラス替えも行わず、同じ担任が二年続けてクラス担任となるというのが、二〇〇四年度までの慣例だった。

ところが百瀬校長がそれを崩し、三学年の担任を固定化してしまった。しかも、他方で若い教師の退職に歯止めがかからないため、クラス担任が持ち上がることは難しくなっていた。この頃、生徒たちは毎年、始業式に辞めた先生たちを探し回り、最後に隔離された私たちの職員室に来て、「おばちゃんたちやめてない?」と言うのが常だった。

二〇一四年度に、二〇〇六年度以来久しぶりに、三人の担任が三年間持ち上がり、そのうち一人は百瀬校長から次年度専任教諭にすると言われたのに信頼できないと退職した。二〇一五年度への持ち上がりと専任化を希望した常勤講師の竹本さんたちは断られ、二〇一四年度末に絶望して退職した。三年ぶりの三学年への持ち上がりは、そういう経過を考えると快挙だったと言っていい。二学年にも一学年の担任だった先生が三人持ち上がった。そうした中、若い教師たちは生徒たち一人ひとりと懸命に向き合い、重い問題を抱えた生徒たちも少しずつ成長してきていた。

この二〇一七年度、ある生徒会役員の生徒に、「私たち、『鶴川高校のいいところ』という生徒会展示企画を文化祭でやるから見にきてね」と声をかけられた。「これを頑張ることで、校長先生たちに私たちのことを認めさせて、次は四時二〇分までしかできない部活動の時間を延長してもらうように要望していくんだ」と言い、「だから先生、この桜の花びらに言葉を書いて。こっちの職員室の先生みんなにも渡してね。後で取りにくるから」と言った。

別の役員の生徒はこうも語った。「生徒会役員なのに、学校見学会（中学校の生徒を対象として実施されていた）のお手伝いばかり強制されて、自分たちがやりたいことがなかなかやらせてもらえないんだよ。そういう生徒会変えたいと思ってる！」生徒会活動本来の自治活動はさせず、学校に都合よく動く献身のみを求める体制の学校の中で、若い教師たちが生徒と話し合って決めたと思われる企画だった。文化祭の生徒会展示の部屋には、生徒たち、先生たちが寄せたメッセージの花びらが一杯の桜の木が。今後の鶴川高校の可能性を感じさせる光景だった。

客観的に見て、たくさんの制約がある状況なのに鶴川高校の教育が何とか成り立ってきたのは、若い教師たちの無心の奮闘と、それに応えて粘り強く学び、活動する生徒たちのおかげだと私は思う。だからこそ、その若い教師たちを大切にしない状況に心の底から怒りを感じる。野本さんがやむにやまれず常勤講師賃金差別裁判を起こしたのも、そのことに起因していた。

第5章　生きる力を育てる――私の教育実践

この章では、私が国語の教師として、鶴川高校でどんな教育実践をしてきたか記しておきたい。百瀬和男校長がどれほど教育を破壊しようとも、いや破壊しているからこそ、鶴川高校の生徒たちの学びを守りたい——私はそんな強い思いを抱き続けてきた。教師の仕事は、一人ひとりの生徒の成長を支援することだからである。教育破壊とのたたかいと表裏一体で、私は自分の授業や教育の中身を問い直しつづけてきた。多くの生徒たちが成長する姿に心を打たれ、だからこそ、この学校を変えなくてはという思いを強くしてきた。

すでに書いたが、鶴川高校の生徒たちの中には、さまざまな事情から学習に困難を抱えた生徒が少なからずいる。それにもかかわらず、いや、困難を抱えているからこそ、彼女たちには学ぶ意欲——潜在的なものも含めて——が強くあり、適切にサポートすることで教師も驚くような力を発揮し、自力で歩み始める。これが三七年半の教師生活で得た実感である。

百瀬校長のもと、鶴川高校が学校としての機能を著しく阻害されてしまった中でも、生徒たちはさまざまな輝きを見せてくれた。国語という教科の特性もあって、その輝きは、生徒たちが、言葉によって自らと向き合うプロセスでもあったと思う。時としてそれは彼女たちの今後の生き方にもふれるものだった。

本章では、私が最も情熱を注ぎ続けてきた実践を、①書くこと、②読書すること、③読み解くことを柱に述べていきたい。それは今になって振り返るとこの三つが柱だったように思うからだ。授業以外の仕事をはずされて、時間と心の余裕があったので、一人ひとりにていねいに向き合いながら進めていくことができた。数多くの授業や生徒たちのことを思い出せば書きたいことは山ほどあるが、紙幅の関係で、ここではごくさわりだけにとどめておく。

1　書く力を育てる——「国語演習」という教科の創設

一九九六年度に進学希望者を対象に「夏の小論文講座」を初めて実施した。大学、短大の推薦入試に小論文試験が行われるところが増え始め、その対策として行ったのである。五日間の講座は、構成メモ（小論文の柱立て）を生徒がつくり、それについて教師と話し合いながら作文に仕上げていく形を取った。ものを書くことが苦手な生徒たちが、受験という直接的な動機に支えられながら、葛藤《かっとう》し、論理を組み立てようとし、「書く」力をつけていく試みだった。受講した生徒たちからは思った以上に好評で、力がついたこともよくわかった。やがて、私たち国語科教師たちは、小論文講座のスタイルで、年間を通して授業ができないものか、と考えるようになった。「書く」という個人的な作業をしながら、疑問やつまずきをその場で教師に聞いてアドバイスをもらうという対話形式を取り入れることで、どの生徒にとっても書く力を身につける近道になるのでは、と思ったからである。

その結果、二〇〇五年度に初めて、三年次の選択科目として「国語演習」が誕生することとなった。週に二時間（二単位）の授業で、じっくり取り組めるよう二時間続きの授業にしてもらった。当時の三学年は六〜七クラスで、各クラスの「国語演習」選択受講者は一クラス二〇人から三〇人弱だった。

一学期から二学期前半くらいまでは、短い「課題作文」を数多く書かせた。生徒に「私の高校生活」「働くということ」「子どもを大事にすること」「コミュニケーション」などのタイトルを与え、六〇〇〜八〇〇字で書かせる。タイトルだけを与えることも、それに関連する課題文を読ませてから書かせることもあった。いきなり作文用紙に向かうのではなく、序論、本論、結論のそれぞれにどんなことを書きたいのかを書き込む「構成メモ」を作成させた。それをもとに、作文を書き、添削後に清書するところまでを、だいたい四時間程度で取り組んだ。

「卒業論文」も

二学期後半からは「卒業論文」に取り組んだ。これは、自分でテーマを考え、それについて何を学ぶ必要があるかも自分で考え、学びながら二〇〇〇字以上の論文にまとめるというものである。この「国語演習」で初めて試みたことであり、私たち国語科の教師にとっては夢だった。国語科教

著者が担当した国語の授業で生徒たちが提出したノートや作文

師全員で話し合い、「学びそのものへの高い関心がもっと育てられたらいいね」と言いながら、私たちも手探りで始めたのである。生徒たちは、授業の時間を割いて図書室にも出かけ、思い思いにテーマ設定していった。「美について」「海外におけるいじめへの取り組み」「大人になること」「世界の神話・童話について」「これからの自分の人生について」「親が大人になれないで子どもを虐待してしまう」「日本の将来」「病気で苦しんでいる人を助けるために」「歴史を変えた指導者の心理と決意」……生徒たちが掲げたテーマは、いずれも興味深い、あるいは切実さが感じられるものである。

これら以外に、「新聞スクラップ」という課題にも一年間かけて取り組んだ。これは新聞に目配りし、気になる記事を自分で切り取り、その記事の内容を要約して意見を書くというもので、「課題作文」を書く際の自分の「引き出し」としてとても有効だった。週に一回の授業で必ず一つの新聞スクラップの課題を課した。家で新聞を取っていない生徒もいるので、教師が用意した新聞もたくさん教室に置いた。どんな記事を選べばいいのか最初はとまどい、時間がかかるのだが、ていねいに指導するとスクラップが習慣になるとともに、情報を切り取る力がついてきて、中身の濃いスクラップになっていった。

定期テストは行わず、学年末に生徒それぞれのとりくみを一〇〇点法で採点・合計して五段階評価を出した。科目を担当する教師は十分な打ち合わせが可能な専任または常勤の教師とし、教師の負担を少なくするため、一人が一クラスだけ持つことを原則とした。通常の四〇人のクラスの授業では、とても一人ひとりと対話したり添削する余裕はないが、それよりは少ない人数なのでそれが可能だった。

「課題作文」の中で、「私の高校生活」という作文を四月に書かせていた。この「課題作文」は自分にとって高校生活が何だったのかを見つめ、しっかり認識することで卒業に向かっていくというよさがあった。その時々の生徒の体験や思い、葛藤に丁寧に寄り添うことで、生徒たちは作文をまとめながら自尊感情を確立していった。他の「課題作文」も、小論文試験に対応でき、生徒が自分を見つめながら書くことに向き合えるよう考えて選んだ。

書くことで学力を引き出せる

取り組んでみると、その場で添削指導することで、実力の変化を、日常的に生徒に評価し、伝えられ、逆に、取り組みの弱いところも示唆できた。生徒たちは、日々書く作業に向き合うことで、よく練り上げられた文章とはどういうものかを知ること、つまり読書がいかに大事かを、身をもって理解できるようにもなった。書くことを通して、読むことの大切さを自覚できたのだと思う。この授業で使用するものとして、作文用紙、国語辞典以外に、「読みかけの本」を指示していたが、「課題作文」を書き終わった後、当たり前のように楽しそうに読書している姿が見られた。

「卒論」に取り組み始めると、生徒たちは自分のテーマに関連する記事をスクラップするようになった。よい記事のスクラップについては、時々読んでみんなに紹介すると刺激になって、スクラップの内容の質が高まった。卒論テーマによっては、他教科の先生のアドバイスを求めている生徒もいた。「卒論」を書き終えた生徒たちからは、「この授業は本当にためになった」「受験に役立った」「自分の『卒論』が本当に誇らしい」という、肯定的な感想が多く聞かれた。

中学時代に深刻な不登校を経験し、自分を「いらない人間」だと思っていたというある生徒は、「東京裁判」に深い関心を寄せ、社会科の先生の指導も受けながら冬休みの膨大な時間を費やして「卒論」を書きあげた。同じく不登校で、精神的な問題を抱えていた生徒は、二年次の小論文指導で「独創的でとてもいいね」とほめられたことをきっかけに自尊感情を取り戻し、三年次の国語演習を選択。数多くの「課題作文」では、生き生きと自由に持論を展開した。そして卒論では、「言語」に深い関心を持ち、自力で何度も書き直して満足のいく卒論を書き上げた。

会話でのやりとりはできるのに、書き言葉にすると意味が通じない文章を書いてしまう生徒には、何度も何度も推敲《すいこう》をする意識付けをした。一緒に声を出して読んで、「どこがおかしい？」と何度も問いかける。「教育」に深い関心を寄せた彼女は、参考文献をじっくり読み込み、本当に書きたいことを綴った。それを人に伝えようという思いから書き直し、三度目に書き上げたものを提出してきた。それは当初の支離滅裂な文章とはうって変わり、伝えたいことがはっきりした迫力のある文章になっていた。

授業外での指導が必要な生徒たちももちろんいた。だが、自分に書く力があったことを、書き上げた作品を通して自覚し、自尊感情を持つことができたケースもある。〝授業中はほとんど寝ているか遊んでいる〟ような、授業中一〇分も取り組めばいい方だったある生徒は、授業がすべて終わり定期試験も終わった後の補習日に呼び出すと俄然《がぜん》やる気を出し、すごいスピードで「課題作文」を始め「卒論」までのすべての課題をやり遂げた。卒業後、彼女が学校に遊びに来て、懐かしそうに「国語演習」の思い出を語っていたのが印象的である。

書くことによって、生徒の学力をここまで引き出せる授業は、それまでになかったように思う。この授業は、書くことが苦手で基礎力のない生徒にとっても、潜在的に高い能力を持った生徒にとっても、学習をやり遂げる力の乏しい生徒にとっても、非常に有効だと感じた。特に書くことが苦手だったりやり遂げることが難しい生徒たちは、多大な労力と時間がかかり、困難が大きいだけに、作品が仕上がったときの喜びや達成感も大きい。

壁にぶちあたる

しかし「国語演習」二年目の二〇〇六年度には、壁にもぶちあたった。

「卒論」の構成メモの指導が十分にやりきれず、最後まで組み立てられていないままに一二月の試験休みに入ってしまった生徒が多くいた。補習日に呼び出して途中まで取り組むものの、うまくいかず、連絡なしで登校しなくなってしまう生徒も少なくなかった。再度呼び出そうとするのだが、前年度のように登校しなくなった生徒への連絡ができないのである。教職員組合員が全て三学年の担任からはずされたうえ、クラス担任の協力が得られなくなったためだった。クラス担任に依頼しても電話連絡を拒否され、生徒の電話番号を教えてもらえなかった。組合員を敵視する校長の学校運営が、こんなところにも表れていて残念だった。

そもそも、卒論のテーマ設定にも時間がかかった。自分なりの方向性を持つためには、それなりの知識を持つ必要がある。本を読む中で、少しずつ考え始めるが、書かれた論文は、論文というより長い読書感想文のようなものになっていた。参考文献は、選ぶのも難航し、きちんと読み切らせるのは大変だった。私が担当したあるクラスの場合、履修者の三分の一が卒論未提出という、非常に不十分な結果に終わった。

国語科の専任教師で年度末に総括したが、三年間の卒論の取り組みを通して、達成できたことと同時に、問題点も浮き彫りになってきた。一番の問題は、指導者が参考文献を読んでいないと指導できないということである。生徒がテーマに選んだ分野についてものを知っていて、ほかの本を薦められるくらいでないと適切な指導ができない。

もう一つは、求めていることが大きすぎて、授業内にはとうてい収まりきらないことである。一、二年次や、他教科で「調べ学習」に取り組んでいない中、ゼロからの出発で「卒論」に取り組むのは難しいと感じた。

そこで次年度は、授業を担当した教師がどういうテーマを扱いたいか検討し、それを時間をかけて学習しながら、三学期後半に生徒に提示しようということになった。また、一年次から三年の「国語演習」までにどういう力を身につけさせていくかを検討し、夏休みの宿題などに、レポートの執筆などを取り入れていくこととした。

本当に自分がやってみたいこと

二〇〇七年度は「課題作文」の数を思い切って減らすとともに、二時間の授業時間内に「課題作文」を書ききることを主眼においてみた。時間内にできなくても、期限を決めてできるだけこまめにやりきらせていこうと計画した。学期ごとに未提出の「課題作文」をやり遂げる時間もつくり、「新聞スクラップ」も、毎週きちんと授業中にやりきることを大事にした。

最初から作文を書かせるのではなく、記事を読んで感想を書く、内容をまとめる、などの段階的な支援を重視した。「構成メモ」をつくる際に、資料をいくつか情報提供し、サンプルも示して、構成メモの組み立て方を考えさせることとした。

この年度は、一年を通して「赤ちゃんポスト」をテーマにしてみた。熊本県にある慈恵病院でこの年に始まった「赤ちゃんポスト」は、さまざまな事情から育てることができない新生児を、その親が匿名で預ける（養子縁組）もの。授業では、これについて報じた記事を読み合い意見交換した上で、「課題作文」として各自の意見を書いた。書かれた意見を印刷して配り、読みあったり、発表し合った。そして、この年の「卒論」は「赤ちゃんポストを通して考えたこと」に統一し、各自の問題意識を副題で必ず示すようにした。「赤ちゃんポストの導入で本当に子どもの未来は救えるのか」「赤ちゃんポストの背景・シングルマザーの実態」「捨てられる子をなくすには」「なぜ赤ちゃんポストは存在するのか」「親になるとはどういうことか」「虐待」——さまざまな副題がつけられた。

科目担当者同士もこの取り組みを通して時間をかけて話し合った。ただ、非常勤講師の方たちとは、そうした話し合いを十分に行えなかった。この年はクラスの数が多く、初めて非常勤講師が「国語演習」を担当したが、十分に意図が伝わりきっていなかった部分があった。

最後の総括で、非常勤の教師たちからは、「『課題作文』が取り組みにくいので、もっと生徒が興味を持てるものにしてほしい」「スクラップノートの提出は二週に一度くらいでいいのでは」「卒論テーマが一つだけだったので、押しつけになる」などの厳しい意見が出された。

たしかに「国語演習」の内容は、生徒にとって簡単なものではない。また、学校に常駐しているわけではない非常勤の教師と十分に打ち合わせることも難しい。そこで翌二〇〇八年度からは、書く意欲や自信の乏しい生徒も力をつけられるよう、生徒自身の心が動き、書きたくなるような興味の持てる題材を選べるようにしようということになった。「課題作文」のテーマを見直したのである。試験休み中の補習日に、極力課題を持ち越さず、欠席者以外は授業内にやりきることを目標にした。また、「スクラップノート」は二週に一回提出するという無理のないペースとした。

「卒業論文」のテーマ設定については、統一テーマはやめ、自由テーマに戻すことにした。自発的な学びの意欲をかき立てるためには、やはり自由にテーマを選ばせることこそが必要だと考えたためだ。何をテーマにしたいかを生徒たちにじっくり考えさせ、興味の持てることが湧いてきた段階で、自分なりのテーマをふくらませる過程に丁寧につきあうことにした。最初に「卒論」の問題意識メモを書かせ、休み時間などにこまめに一人ひとりの生徒と語りこんだ。

「本当に自分がやってみたいことは何?」「興味が持てることは何だろう?」――じっくりつきあう中で、「私、このことで書いてみたい」と、彼女たちの方から言ってくるようになった。児童虐待や、難病とのたたかい、「先進国」と「途上国」の格差など、様々な問題が含まれていた。その中身は、しばしば彼女たちがこれまでの人生の中で最も気にかけてきた、やむにやまれず見きわめたいと願う問題だった。それまで、「卒論でやりたいことなんてない」と言う生徒が必ず数名ずついたのだが、この年度はそういうムードが全く出なかった。

攻撃の中でこの実践が生まれた

参考文献探しも簡単ではなかったが、自分のテーマを研究するために学ぶことこそが、本物の学習である。自分で努力し、本を探すよう促した。なかなか見つけられない生徒とは、図書室で昼休みや放課後、私と生徒が「偶然会った」ことにして(「教務指導規定」の改悪で授業時間外に生徒と会うことを百瀬校長が禁じたため)、司書の教師の協力も得、一緒に本探しをした。社会科の教師に相談に行かせたこともあった。「卒論」の「構成メモ」は、章立ての案を具体的にアドバイスした。自力でできそうな生徒にはあまり枠をはめず、自由に考えさせるようにしたが、これはやはり難航した。

深く、いいものを書こうとする生徒たち。だがそれは簡単なことではない。サポートする私たちにとってもそれは同様である。学校やクラス担任のバックアップが全くないもとで、思うにまかせない部分もあった。愚痴を言う生徒も出てきたが、辛抱強く励ました。「こうした知的作業が今後の人生を支えるんだよ」と繰り返し伝えた。生徒を励ますために、過去の先輩たちの「卒論」を教室に置くようにした。生徒たちは時々行き詰まると、先輩の卒論を読んでいた。

下書きの提出時期は個人差があり、二学期の期末テスト終了後の補習期間も含めて一七人が提出(履修者は二六人)。多くは、自分の意見が十分に書けていなかった。少数の生徒が力作を書き上げていたが、引用に振り回され、オリジナリティーを出せない生徒も多かったのだ。下書きを丁寧に添削し、構成を変える必要があるものはそう指示した。一一人分を二学期の終業式までに返却し、冬休み中に持ち帰って取り組ませることとし、三学期の始業式に、さらなる下書きを提出させ、また詳しく添削した。後の六人は添削したものを三学期になってから返却し、さらに推敲、清書。三学期は短く、清書のための時間は四時間しかなかったが、意見の部分をふくらませたり、形式をきちんと整理して整えたりすることができた。そういう中、全体にやりきった満足感が教室にみなぎった。

二〇〇八年七月、百瀬校長による組合員への攻撃が激しくなる中、教師としての誇りの火を絶やすまい、という思いにかられ、私は全私研（全国私立学校教育研究集会）に初めて出かけていき、その中の国語科分科会に参加した（第3章でふれた、酒井さんが参加したのと同じ研究集会である）。参加にあたり、二〇〇五年度から新科目として実践してきた「国語演習」のレポートを作成した。このレポートのまとめとして、次のように私は書いた。

「現在の鶴川高校では教育撲滅の嵐が荒れ狂っている。しかし皮肉なことに、その攻撃の中で、この三年三ヶ月の国語演習の実践が生まれ、私たちはこれまで以上に、教育研究活動を推し進めてきた」。

「昨年一一月より、放課後の補習が自由にできなくなった。そのため私は、昼休みも、一〇分休みも、常に生徒の教室周りをし、課題の進み具合を確認し、アドバイスし、いつまでにやるかの約束をするという活動を日常的に続けてきた。生徒が夏休みとなった今も、それは続いている。どのような攻撃も、教えるということの根本を根絶やしにすることはできない」。

全私研への参加は有意義だった。私の発表には、厳しい指摘も含め多くのアドバイスをいただき、他の方々の模擬授業や魅力的な実践報告の数々に学ぶことができた。多くの温かい言葉もいただいた。「困難な状況の中で、生徒を優しく愛を持って見つめ、分析していること、どういう力をつけるか話し合っていること、粘り強く手間隙惜《てまひま》しまず指導していることが印象に残りました」「ひとりひとりの生徒をしっかりと受け止めて確実に伸ばしていく指導」「四年に及ぶ長期的継続的、体系的実践」……。全私研で学んだものをさらにその後に生かしていこうと、前向きな気持ちで会場を後にしたことを覚えている。

教員になって鶴川高校に戻ってくるよ

「卒業論文」に話を戻そう。振り返れば、生徒たちにとっては苦労の連続だったろうと思う。「もっとこの点を深めたら？　考えてみて」と言われるのが嫌いで、書き換えに時間がかかったり、拒否したりし、「どうして国語演習をとっちゃったんだろう。嫌だ嫌だ」とこぼしていた生徒。親から虐待を受けて育った体験を綴った『Itと呼ばれた子』（デイブ・ペルザー著、二〇〇三年、エムオン・エンタテインメント）をテーマにとりあげた彼女に、「デイブはあれだけひどい目にあったのに、なぜこの本を出版するまでになったんだろうね。そこを探ってほしいな」とアドバイスすると、まとめのスピーチで、「デイブは私たちにはわからない人生観を持ったんだ。私はデイブと違って成長していない」と否定的に表現した。

たとえばこのように、読む・書く力のある生徒でも、結論がすっきりしたものになるとは限らない。そこには、生徒が生きてきた様々な現実が影を落としている場合もあるだろう。しかし、向き合うのに覚悟がいるテーマで知的に苦しんだとしても、若い生徒たちにとって、その知的とりくみそのものに意味がある。それはいつか生きてくる時がきっとくると信じている。

学力的に困難を抱え、「てにをは」のミス、誤字脱字などはもちろん、自分が何を言いたいかわからなくなることもしばしばだったある生徒は、難病の少女の闘病記に思い入れがあり、それをテーマにした。少女が懸命に生きたことへの共感を綴る彼女の文章には、つたなくとも独特の迫力があった。この生徒は授業中、何度も小さなことで私を呼び、同意を求め、確認することで、徐々に自信をつけながら書いていくことができた。まとめのスピーチでは、「私は本読むのが苦手だし、医療の内容をわかりやすく文にするのが大変だった」と、達成感を語っていた。

自分の思いを論理的に文章にすることは簡単ではない。すっきりする場合も、しない場合も、様々なドラマが生まれる。それが本人の生き方にも関わってきた一つの例として、二〇〇八年度の受講生だった加藤綾子さんの例を、やや詳しく紹介したい。

美術部の部長だった綾子さんは、二〇〇八年四月に同部が突然、校長によって廃止されてしまい、部員とともに隔離職員室に助けを求めてきた生徒でもある。中学時代に不登校の期間もあり、高校二年生の時も、一時期教室に入りにくいと言っていたこともあった。

「国語演習」で彼女は最初、「世界の子どもたちの貧困や様々な問題に興味がある」と言い、「新聞スクラップ」や、読書に意欲的に取り組んでいた。一七歳の時に恋愛をしたことが理由で家族に火あぶりにされた中東・ヨルダン川西岸地区の女性の実話である『生きながら火に焼かれて』（スアド著、二〇〇六年、ヴィレッジブックス）という本をはじめ、世界の子どもたちの置かれた状況に関連する本を読みあさっていった。

「卒論」の「構成メモ」の組み立ての段階で、「先生、この問題の解決は難しい、やっぱり無理だよ」と言ってきたことがある。広く深い、重いテーマに真剣に向き合っているからこその苦悩が感じられた。私は、同じ国語科の板橋さんとも相談し、『教育白書』を資料として渡しながら、「今、世界ではどのような現状になっていて、それを変えていくために何が必要なのか、探っていっては？　結論が綺麗に出なくてもかまわないよ」と励ました。

彼女は、世界の子どもの問題の解決と教育の関係に目を向けて書くことにした。その根底には、自身の不登校体験や部活動をつぶされた経験があることも感じられた。そして、自分の考えを深める中で教師になりたい、という気持ちが生まれていったようである。

読んだ本の要約に苦労し、下書きを何度も書き直した。没にした草稿もかなりあった。そして当初つくった「構成メモ」から構成も入れ替えたりしながら、自分の言いたいことを深めていった。

でき上がった四八〇〇字に及ぶ卒論を私に提出したとき、綾子さんは、「先生、四年後、私、鶴川高校の教員になって戻ってくるよ。私が戻ってこられる、生徒が生き生きできる鶴川高校を取り戻しておいてね」と言った。彼女の「卒論」の抜粋を紹介したい。タイトルは「教育の大切さ」である。

「虐待、戦争、いじめ、児童売買、売春、児童労働、人種差別、ジェンダー、民族問題……。世界には様々な深刻な問題が溢《あふ》れている。……その多くの被害は、社会的弱者である子供や女性、ほかに発展途上国の貧しい人々に集中している。貧困、戦争によって生命の危機に晒《さら》されている人や、古い風習によって生きる権利まで奪われそうになっている人もいる。彼らを救う為に、今何が一番必要なのだろうか?」

「簡単には解決できない問題から、被害者を助け出そうと活動する人々がいるというのも事実だ。自身の危険を顧みず被害者を助けようとするその姿は、とても勇敢であり、そして同時に人間としての真意を感じさせられる。トリイ・ヘイデンさん、福祉センターの人達、ボランティア組織『出現』。それぞれに共通している事、それは弱い立場にいる人を救おうという強い気持ちがある事だ。

それでも、世界には被害者を救おうと志している人を上回る数の被害者が沢山存在する。現実的な事を言うと、まだまだ救いの手が足りていないのである。それならば、どうすることが一番の良案だろうか」。

「何故、教育が大切なのか。正しい教育が、本来、人間が持つべき良識を育てるからだと私は思う。本当の意味での教育が行き届かず、心の成長が足りないと、他人の痛みを理解する事のできない冷酷な人間が育つ。やがて間違った認識を携えたまま、いじめや差別を平気で行ってしまう。善悪の正しい判断ができないと、何かのきっかけで犯罪につながってしまう場合もある」。「教育を、誰もが平等に受けられるようにするには、長い年月をかけて今の社会を直していくしかないのである。世界平和の為に、今私達に出来ることとは何だろうか。世の中の辛《つら》い現実に目を向け、痛ましき過去の出来事を語り継いでいくことも大事だ。平和について、身近な人と話し合ってみるのもいいだろう。そして何より大事なのは、一人一人が平和に対する意識を持ち、ぶれることのない正義感を育てるという事。それこそがまず、平和への第一歩となるのだ」。

生き生きとできる場が奪われているからこそ、人間らしく生きるために、やむにやまれず、自分の問題と向き合い、書きたいという衝動がこみ上げる――「卒論」に取り組む生徒たちを見ていて、そう感じさせられたことがしばしばあった。

生徒たちの選ぶテーマは、いわゆる「弱者」からの視点であるものが多い。そして、人間が生きること、命、人との関わりなど根源的に人間くさいものばかりだった。「卒論」を通して彼女たちは、それまで生きてきた中での、「自分の問題」と向き合い、葛藤したのではないか。それが形となった時に、生徒は「突き抜けて」いく。抑圧され続けていた人が羽ばたくように。彼女たちが書き進めたわけが、そこにあるのではないか――これは、私の担当したクラスの生徒たちだけではなく、二〇〇八年度の国語科教師全員の一致した認識となった。

自分の人生、人に関する根源的なテーマに疑問や関心を持ち、それが知的な営みにつなげられた時、教師や共に学ぶ仲間と深い対話ができれば、飛躍的に生徒は変化・成長する。私自身は、クラス担任からも、部活動からも遠ざけられ、「国語演習」で生徒と共に「卒論」に取り組むことこそが、生徒と全人格的に関わる機会となっていた。その生徒のことを本当に深く理解しないと「卒論」の指導はできないと感じたからだ。

そのためには普段の読書生活・興味関心、彼女たちの混沌とした悩みと葛藤を知ることが必要だった。参考文献を一緒に読んだり、「新聞スクラップ」を丁寧に添削し、対話の中で知的な刺激を提供できるよう努力した。

ストレートに過去を記述することは、彼女たちの「傷」を自らえぐることにもなり、なかなか難しい。だからこそ、自分で決めたテーマに知的な方法で向き合うことが大事なのである。その中で、自身の抱えるものを客観視できるようになり、結果的に自己変革の道筋を開く力になる。この取り組みは、彼女たちの人生に知性で関わることである。そこに、彼女らにとって、学ぶこと自体が大きな欲求となる道筋も開かれる。

つらかったことを言葉に

二〇一一年度は、「書きたい」という生徒たちの衝動を大事にしようと、「卒業論文」の形式的な堅苦しさをできるだけ取り払った。そしてノートを二冊準備させ（普段の「課題作文」用、「卒論と新聞スクラップ、読書記録」用）、一学期から「卒論」に継続的に取り組んだ。毎週何か「卒論」に繋がるような、自分の興味の持てることについてノートに自由に書かせ、私がコメントする。「交換日記」のようにラフな感じでノートにたくさん書いてくる生徒もいた。

また、引用のわかりにくさから解放しようと、参考文献にこだわるのをやめたためか、テーマが自分に向かった生徒が出てきた。自分自身をそのままテーマにした生徒が四人、自分に関わる色合いが強いテーマを取り上げた生徒が三人、アイドルをテーマにした生徒が一人だった。この中の一人、和田清子さんの例を紹介したい。

清子さんが二年生の時に「現代文」を教えていたので知っていたが、国語は全般的に苦手で、漢字も不得意、本もあまり好きではなかった。が『夜回り先生』が大好き」と書いてきて、私がそのシリーズを手渡したことをきっかけに、読書をするようになった。本を読む習慣がつくようになると、読み取りの授業の中で、言葉は稚拙だが自分の思いを表現していくようにもなった。

三年次、「国語演習」を選択した彼女は、「卒論」のテーマについて、最初「ＡＡＡ」（トリプルエー）というパフォーマンスグループか「声優」に興味があると書いてきていた。「ＡＡＡ」は、自分が中学時代にいじめに遭い、学校に行けなくてつらかったとき、曲を聴いてすごく励まされたと書いていた。その後、夏休みに「国語表現」（＝読解を中心にした必修の国語の授業）の自由研究で「生い立ちの記」を書いて出したことがきっかけで、二学期になって「『卒論』、自分について書きたい」と言い出した。彼女は実の両親ではなく、伯母とそのパートナーとなった人に育てられた。実の親とのいきさつは深刻なもので、彼女にとって苦しくつらいものだったが、伯母夫婦からは深い愛情を受けて育った。また、中学時代のいじめ体験も壮絶で、かろうじて、やさしい先輩の存在に救われたという面があったようである。彼女はしかし、そのような経験をしてきたからこそ、人の痛みのわかる柔らかな感性を持っており、「卒論」に取り組む中でそのことに自分でも気づいていった。

書いている途中、もっと掘り下げて書くために何度か対話し、さらに書き込んでほしいところも助言していった。そうして書き上げたのが「私」というタイトルの卒業論文だった。その後半の一部を紹介したい。

「私が高校を選ぶ時頭に思い浮かんだのは、私のことを誰も知らないところに行こうということだった。なぜなら私のことを知らなければ私のことをキモイと言う人はいないから。でもそれって逃げていることなのだろうか？　私は違うと思う」。

「私の人生は他人とは全然違う。でも産みの親と育ての親が違っていたとしても、こんなにも私のことを沢山愛してくれる。17年間生きてきて色々悩んだことは沢山あった。みんなが経験したことのないことを幼い頃から沢山してきた。でもだからこそ今、自分の人生を振り返り、これからのことを考えられる。このテーマにして思ったことは、子供ができたらこの話をしたいなと思うようになった。母が私に話してくれたように。子供がもしイジメにあったら一緒に悩んだり、一緒に泣いたりして、答えが出なくても話せば楽になる。それは私の母が教えてくれたことだから」。

この卒論の取り組みは、清子さんにとって大きな意味を持つものになった。つらかったこと、苦しかったことも丁寧に言葉にし、その時の自分の気持ちをまっすぐに見つめ続けた。そうすることで、清子さんを育ててくれた両親の深い愛情や高校生活の素晴らしさがより浮き彫りになり、また、大変なことを乗り越えてきた清子さん自身の生き方が堂々たる存在感で迫ってきた。最初の授業で「言葉で何かを表すのが苦手」と書いていた人と同じ人とは思えないぐらいの飛躍だった。

一年間の授業の最後に、彼女は書いた。「国語演習って何をやるのかわけがわからなかったけどやってみてとっても楽しかった。多分生きている中でこんなに字を書くことはもうないと思う。やっぱり自分の言葉でなにかを書くっていうのはやっぱりいいね！（「やっぱり」を二回繰り返しているのは感慨の深さを表しているのかもしれない――引用者）　この国語演習があって卒業論文があったから私は自分の人生を振り返ることができたんだと思うし、私の過去をいろんな人に見てもらうのはいいことだ。三木先生はうるさいけれども、私はそれが三木先生だと思います」。

生徒たちが、自分と向き合い、社会との接点も手探りしながら、自分の言葉で考え、語ること、それが「国語演習」という授業の求めることであり、生徒にとっての魅力なのではないかと思う。自己というものの希求が、厳しい状況の中でも思考し続けよう、学ぼうという意欲に繋がり、授業崩壊に立ち向かう大きな力となるとも思う。

ただ、中には「卒論」を書ききれない生徒もいる。ある年度に担当したクラスでは、選択した二四人中一四人が清書まで完成させたが、「下書きまで完成」が二人、「下書きがあと少しで完成」が二人。長期欠席などで全く取り組めなかった生徒が六人いた。下書きが書けない生徒、下書きまで書いているのに、清書までいけなかった生徒たちのことを思うと残念だった。かつて、補習を何日も行って、その中で書き上げていったことがあったが、二〇一一年度から補習は二日しか許可されなくなってしまい、指導の後追いがきわめて制約されたのが主な理由だった。

二〇一三年度、私たち組合員は「国語演習」の担当をはずされ、非常勤講師が三クラスずつ担当するという事態になった。これによって事実上、「卒業論文」は実施できない状況になった。「卒論」は、「構成メモ」から下書きに至る掘り下げの際に、丁寧な指導と対話が必要なので、一クラスを一人の教員が見るのが適切だと教科主任に要望したのに、校長が聞き入れなかったのだ。以後六年間にわたって私たち組合員は「国語演習」の授業から遠ざけられ、「卒業論文」が書かれることはなかった。

自分の根源につながる

二〇一八年度、六年ぶりに私は「国語演習」の担当となった。土曜日の授業で、登録者は一七人。学年全体で三十数人しか選択せず二クラスとなり、そのうちの一クラスを私が担当したのだ。普段授業がない土曜日に登校してくるということは高いハードルで、何人か途中で履修を取りやめてしまった生徒もいた。

私は、過去の先輩たちが残していった「国語演習」の手ごたえをつづった感想文を読むことで授業開きをした。生徒たちは目前の問題によく取り組み、討論し、問題意識を深め、書いていった。私自身も久しぶりの「国語演習」を楽しんだ。

二学期、生徒たちが卒論に選んだテーマは、みな、自分の根源につながるものばかりだった。ある生徒は自分が目の手術のために入院した小児病棟の体験から小児医療をテーマにしたし、子どもの頃から現在まで苦しんでいるアトピー性皮膚炎をテーマにした生徒もいる。滋賀県大津市で中学二年生の男子生徒がいじめを苦に自殺した事件（二〇一一年）を考察したいじめ論や、父親の死をきっかけに、人は何故死ぬのか、死とは何かを追究するというようなものまであった。

生徒たちは、活発に意見交換し、授業中にどんどん図書室に通い、書き、相談に来た。授業がまるで大学のゼミのようだった。私が心がけたのは、できるだけ型にはめずに意欲をかきたて続けるにはどうしたらいいかということだけだった。最終的に、一六〇〇字以上という規定の字数まで「卒論」を書けなかった生徒は一人もおらず、みな、思い思いに四〇〇字詰め原稿用紙に一〇枚も二〇枚も書き続けた。

「はじめに」でふれた相田美希さんは、夏に大学入試の準備に取り組んだ一人で、私はその面からのサポートも含めて、彼女の「国語演習」での成長を印象深く覚えている。美希さんは、自分の三年間の勉学や部活動を振り返り、志望の動機を整理する中で、教育に対する問題意識を育てていった。四時一〇分までしかできない部活動（彼女はバドミントン部だった）で、若い顧問は退職し、指導者が全くいない中、自分を追いこんで練習し続け、仲間がその心意気に応えていった。そんな彼女は体育の教師をめざし進学を決め、入試のための自己アピールの文章を何度も書き換える中で、深く掘り下げて考えることにはまっていく。

そうしてたどりついた「卒論」のテーマは「人はなぜ学ぶのか」。「中学まで勉強が苦手だった私がなぜこんなに勉強に打ち込めているのか、を明らかにしたい」と言った。一二月二八日まで学校の図書室で書き、三学期の試験休み、二月の間もギリギリまで粘って書き上げた。たくさんの文献にあたり、インターネットでも情報を調べた。彼女が出した結論は、「人は、自分の夢のために学ぶ意味に目覚め、本当に意欲的に学び出すんだ、それがすぐに答えが出ないことでも、ずっとずっと考え続けていくんだ」ということだった。

一〇〇〇〇字に及んだ美希さんの「卒論」を一部紹介したい。

「なぜここまで学ぶということにこだわるかというと、それは私自身が学びにおいて後悔しているからである。今では、進学も決まり次のステップに進む準備をしているが、そこまでの道のりにはとても葛藤と後悔がある。中学までの学びに欲や魅力を感じなかった。勉強から逃げ疎《おろそ》かにしていた」。

「だがこの学校に入り景色が変わった。私と同じように勉強が嫌いな子もいれば、勉強を押しつけてくる先生はいなかった」。

「授業を受けていると分かる。この先生は何を伝えたいんだとか、逆にこの先生は教師でいる自分によって権力欲で支配しているなと。授業の主役は教師ではない。教師になることで生徒を支配していないか、押し付けていないか」。

「学び合う姿勢が大切だと感じた。白黒つけられ、考えを否定し押し付ける教育ではなく、良い部分を伸ばし興味を広げる、個性を豊かにする教育の仕方を素敵に思う。共に考え答えを導く学び。どのように答えを導くのか、その結果までの過程こそが学びの本質であり、そこに学びの楽しさがあるのだと思う」。

「なぜ学ぶのか、それは学ぶことが自分自身の知識・経験・思考・視野を豊かにし、未来の自分の可能性を広げることのできるチャンスだからである。自分に合う学びをしている人は、生き生きとし学ぶことに魅力を感じ自発的学習をする。よって、学びを嫌っている人は、まだ自分に合った学びに出会えていないだけである」。

「学びとは人が生きていく上で一生涯、共にするものなのである。学び続けている人こそ、輝いた人生を過ごし、自分の夢を叶えているのだと思う。自分もそんな人になりたい」。

この卒論のあとがきに、彼女はこんなメッセージも綴った。

「私は、この卒業論文を初めに書くとき、今まで抱いた〝学業〟への疑問や高校で知った学ぶことの楽しさを伝えたいと思い、テーマを〝人はなぜ学ぶのか〟と置きました。ですが、深く追求し考え書き進めているうちに、最終的に伝えたいことが変わりました。なぜ学ばなければいけないのかという堅苦しい問答から、同じような疑問を考えていく後輩に、将来をしっかり考え、学びの必要さに気づいてもらいたい。夢や目標を持ち、それぞれの道に向かって頑張ってほしいということを伝えたいと思うようになりました。この論文を読んで少しでも自分を見つめ直すきっかけ、自分の将来を考え夢を描く手助けになれていたら嬉しく思います」。

美希さんの「卒論」は、「国語演習」という授業の本質を表すものだった。しかも自分がそれをつかんだことで、後輩に伝えたいという、その思いにまた私は心打たれた。「国語演習」は、私の鶴川高校での教育実践の要ともいえるかけがえのないものだ。

2　読む楽しさを覚える

『朝の読書が奇跡を生んだ』（船橋学園読書教育研究会、一九九三年、高文研）という本を読んで衝撃を受け、「朝読書」に始まる読書実践に取り組み始めたのが一九九七年度。その頃はクラス担任を持っていたので、朝のホームルームの時間を割いて七〜八分ほどの「朝読書」という取り組みをした。

もちろん国語の授業の中でも本の紹介に始まり、さまざまな読書指導をしてきた。国語の力をつけたい、という願いが、どうしたらそれが可能になるだろうという問題意識になり、「読書指導」というところに行き着いたともいえる。クラス担任をはずされて以降は、私にとって教科の取り組みの比重が高くなり、読書指導についてもいろいろな実践に取り組んだ。

静寂の時間を経ること

二〇〇七年度、久しぶりに一年生の授業を担当した際、それまでにない困難を抱えた。授業開始のチャイムがなってもいつまでも授業の準備ができなかったり、おしゃべりをやめられない生徒たち。教室の中にじっと座っていることができない。授業中に廊下に出て行ってしまったり、出たり入ったりしてしまう――そんな生徒たちの出現である。

とても国語の授業を進められる状況ではなかった。私だけではなく同僚みんなが同じ困難を感じたため、この時期、組合で発達障がいの学習会なども行い、じっとしているのが難しい生徒や、指示を素直に受け入れることのできない傾向の生徒がいることなども見えてきた。「どうしたら彼女たちが学びに向き合えるだろう」と考え続けて始めたのが、授業の始まりの「チャイム読書」。二〇〇八年度から試みた。

毎時間の授業の始まりを「チャイム一〇分読書」ということにしたのである。すでに述べたように、私は、生徒のいる建物から遠い「隔離職員室」に入れられていたので、前の時間の終了チャイムが鳴ると教室に向かう。授業の始まる数分前に教室に入り、教卓の隣に、四つのかごに分けてたくさんの本を並べる。古書店で一〇〇円で仕入れてきたり、家から持ってきたり、他の先生からもらったりした、生徒たちが手に取りたくなる本をかごに入れる。

「さあ、今日もチャイム読書ね〜。本が手元にない人は今のうちに探しに来て。新しい本も入れておいたよ。手に取ってみてね」。声をかけると、数人が寄ってきて、しゃがんで本を探す。お薦めの本をかごの上に見えるように置いたり、生徒の希望を聞いて「これ読む?」と手渡したりした。そのうち、「読み終わった本、寄付します」と持ってきてくれる生徒も出てきて、「チャイム読書」が定着していった。多くの本が生徒たちの間で回し読みされた。

それ以前から長いこと、「身近に本がなければ決して読むようにはならない」と思い立ち、私は、紛失覚悟で、自分の手持ちの本を生徒たちに貸すようにしていた。生徒たちが好む本ほど戻ってこないことも多かったが、そういう本は、きっと誰かにまた貸しして読まれているのだろう、と思うことにした。

授業開始のチャイムは四五秒ほど鳴り続ける音楽。鳴り始めると私は、「はい、机の上には教科書、ノート、本を用意してね。飲み物や携帯電話はしまってね。チャイムが鳴り終わったら声を出さないでね」と声をかける。チャイム後はおしゃべりをさせない。「準備ができていない人も、声を出さないでね。読んでいる人の邪魔をしないでね」。

チャイムの前から本を読んでいる生徒も数人いる。半分以上の生徒が読書するようになると、一〇分の静寂が保たれた。授業の準備が遅い生徒もひっそりと支度する。私も静かに座席で出席を確認し、無言で生徒の間を回って目や手で合図して携帯電話や飲み物を片付けさせる。そして、なかなか本を手にできない生徒の机の上に、黙って本を置いてやったり、何冊か持っていって、無言で選ばせたりする。もちろん、この「チャイム読書」だけでなく、折に触れて私が読んだ本の紹介もした。生徒から借りた本も面白かったら紹介する。クラスの雰囲気によって、落ち着かない生徒が多く「チャイム読書」の成立が難しいこともあったが、あせらず、一人ひとりに本を選んであげたり励ますことで、辛抱強くこの読書指導に取り組んだ。

生徒たちが静かに言葉を心にためる静寂の時間を経ることで、言葉を通して考える国語の時間への移行がスムーズになった。チャイム後に普通に授業を始めようとしても、出欠確認や生徒に準備させるだけで一〇分くらいはすぐにすぎてしまうが、このやり方にするとそうならずにすんだ。

二〇〇九年度の一二月に、教えている生徒一五〇人の四月からの読了冊数を記録したら、一人平均七・二五冊だった。三〇冊、四〇冊と読んでいる生徒も多くいたし、一冊の本を時間をかけて読み切ることができて喜んでいる生徒もいた。翌二〇一〇年度も、私の授業では「チャイム読書」が定着した。1で紹介した和田清子さんは、この年度の二年生で、この「チャイム読書」を体験した生徒でもある。

読書で他者、自分を知る

二〇一一年度、第3章でも述べたように「授業崩壊」「学校崩壊」ともいうべき事態が進行した。その数年前から「荒れ」た状況はあったが、特に二〇一一年度からひどくなっていたのだ。第4章冒頭で紹介した荒木寛人さん担任の一年生クラスの「国語総合」の授業を私も担当したが、四、五月の段階では、授業に取り組めない生徒がたくさん廊下に出てしまっていたので、教室の中は比較的落ち着いていた。中にいる生徒は「チャイム読書」で静かに読むことができたし、読解の授業でのやりとりも集中できた。

しかし、六月の体育祭の前後あたりで、「チャイム読書」の間も落ち着かなくなってくる。廊下に出てしまっている生徒たちを教室の中に入れても、全く勉強できる状態ではない数人の生徒が教室の中に入ってくることで、他の生徒のモチベーションが下がり、学ぶムードがつくれないということがしばしばあった。それ以前の鶴川高校では考えられない、教科書もノートも出さず、ずっと漫画を読み続けたり音楽を聴き続けたり、教室を出入りしたりする生徒たち。寝ている生徒もいて、困難な状況になった。

私は、授業の中でみんなと一緒に読み取ろう、学ぼうという気運をどうつくるか、読むことの楽しさと知的欲求の高まりをどうつくりだすかを考え続けた。毎時間の「チャイム読書」、ノートへの読書記録の記入と個別の細かいやりとり、友人との読書の交流、授業者による読み聞かせ、本のかごの中身の工夫や授業内容との連動、教室のムードの変化などなど、生徒たちが「文字を通して学ぶ」ムードをつくるためにさまざまなことを試みた。

荒木さんのクラスの授業で、山根基世というアナウンサーの方が書いた「伝えたいと思うから」を読み進めていたときに、こんなことをノートに書いてきた生徒がいた。

「この題材に似ているような、おもわず泣きそうになった作品があるのですが、『青い鳥』という作品、今度持ってくるので読んでみてくれませんか?」

さっそく私は、その『青い鳥』という小説を借りて読んだ。著者は重松清。授業でその抜粋を紹介した。「『伝えたいと思うから』のテーマにぴったり!! と言われて借りた本、大きな衝撃を受けました。同じ教師として、村内先生に勇気づけられました」と前文をつけて。作品中、吃音《きつおん》の「村内先生」は、授業崩壊の中でも決してあきらめずに生徒の心に寄り添おうとする。私はその姿が、その時の自分の苦しい授業実態と重なって胸打たれた。

この小説を教えてくれた生徒は、ノートに貼ったプリントに、「先生が読んでいる時も涙がボロボロと……立場的に感情移入しちゃってつらいです。重松さんの本はこういうの多いから好きです」とコメントしてきた。その後、このクラスでは『青い鳥』が回し読みされるようになった。この本を紹介してくれた生徒には、そしてこのクラスには、たしかに、読書によって他者や自分を知る・考える力が育っていると感じさせられるできごとで、私はうれしかった。

二〇一三年度、引き続き「チャイム読書」を軸に、あらゆる方法で授業の成立をめざした。この年度、私が担当した授業は週八時間だけで余裕があったので、「チャイム読書」のやり方も私なりに工夫した。だいたい次のような感じである。

授業開始前から一人ひとりへの丁寧な読書指導をし、これなら読めそう、と思う本を選んでノートと共に机に置く。読む気になれていなくても、人の読書を邪魔してはいけない、私語をしないというルールをつくり、呼びかけ続ける。生徒には読み終わった本の記録を提出してもらい、プリントして配布。「本は友だちから借りてもいいよ」とすすめた。年に数度、私からも読みやすそうな本の一部分を印刷して読み聞かせた。中には生徒から借りて読んだ本『屋上ボーイズ』とか『おおかみこどもの雨と雪』などを読んだこともあった。

担当の授業が少ない強みで、前の授業が終わると同時に教室に入り、休み時間から読む本がない生徒の本を選んだり、配ったりできたのがよかった。休み時間中から夢中になって読む生徒が数人、チャイム後は全員私語をやめるよううながす。半分以上の生徒が読む状況になると、私語で邪魔することがしにくくなる。もちろんその時間に、教室の外に出て行ってしまったり、元々廊下にいて、入ってこない生徒や、出たり入ったりする生徒もいるが、声を出さなければそれも容認する。

チャイム後すぐに出欠をつけるが、一、二分で入ってきた場合以外は遅刻とする。私がこの読書の時間にこだわったのは、とにかく、心を落ち着けて言葉の世界の楽しさに触れることなくして、読解教材の読みの授業に参加することは困難だと考えたからだ。言葉で考えるということが苦痛でない状態になったとき、授業の中でのやりとりの可能性が出てくる。

読書がキライだったのに

その後も一貫してこの読書指導を続けてきた。二〇一五年度以降は、大きなキャリーバッグにたくさんの古本をつめ、ガラガラと引きながら教室を渡り歩いた。そんな私の姿を見て生徒たちは「先生、ハワイにご旅行ですか？」とか、「お決まりのカバンですね」などとからかった。いくつかの本の表紙裏には過去の先輩たちの感想コメントを貼りつけてある。授業の最初はいつも「チャイム読書」。教室に行くと、生徒たちが自由にキャリーバッグの中から本を持っていったり、読み終わった本をかごにもどしたりする。毎週集めるノートには読書のあしあとが書かれているので、それを見て、応援が必要な生徒に何か本を選びノートの上に置いてあげたりする。

この頃、私が読書指導で最も大事にしたのは、「好きな、自分に合った楽しめる本に出会ってね」

ということだ。だから私が選んだ本でも、数ページ読んで合わないと思ったら遠慮なく戻して違う本を探していいと伝えた。またいつも、「ゆっくりで大丈夫。その時間を楽しみ続けることが一番大事」と言ってきた。小中学校での読書指導で、強制的に「良書」といわれる本を読まされたり、早く多く読むことを奨励されたりして、読書自体を嫌いになってしまった生徒がたくさんいたからである。とにかく字が書いてあるものを楽しめるようになってほしい。だから、キャリーバッグの中には、絵本や詩集や、写真やイラストが入った短い文の薄い本もたくさん入れてあった。そんなふうにして好きな本に夢中になったチャイム読書後、ある生徒は「先生、読書してると汗がひくね」と言った。

「チャイム読書」についての生徒たちの感想を一部紹介したい。二〇一六年度に担当した生徒たちが書いてくれたものだ。

「私は一番『読書』が身についたと、この一年間を通して思いました。本当に、本を読むことがキライでしかたなかったのに、今では上映中の映画であっても、映画館に行かず、本を買って読んでいます!!　こんなこと今までになかったから、自分でもおどろきとうれしさでいっぱいです」。

「文章の漢字が読めないことがすごく多く、漢字をとばしすぎて文章がよく分かんなかったり、本のぶ厚さを見て読もうと思わなくなる。↓（1学期終わり）『自分に合った本を見つけること』

『読書の時は、周りは静かな環境であること』だと気づきました。↓（最後）最初の時の自分と本に対する思いが大きく変わりました。前までは、本なんて面白くないいしつまらないいって思ってたし1年生の時は一冊も本を読み終えることが出来なかったのに、今は本を読むのが楽しくて学校以外でも本を読みたい！　と思う気持ちになりました。ほんと自分でも驚いています!!　また、成長したんだなと気づきました」。

「本を読む時間がとても頭が回転しやすくて良かったです。一年間四冊ぐらいしか読めなかったけど、本一冊を大切に読み、理解しながら読んでいたので、自分のやり方で良かったと思います。やっぱり本を読む事によって自分の知らない表現の仕方や言葉、漢字が分かるようになり、とても勉強になりました。まだまだ文を書くときおかしな所もあるけど、一応レベルは上がったと思うので……良かったと思います」。

「ただ読んで、へえってなるだけじゃなく、自分自身も本の中に入り、感情までもが本に魅了される気持ちが分かった。毎回、本を読むたびにおもしろかった、たのしめたって思ってたし、次、何を見ようかなって思う。『本を読む時間』がないと気付けないことがあるって分かった。こんなにも本が好きなんだってことに初めて気づくことができました」。

最後のコメントを書いた生徒は、たくさん本を寄付してくれた。その中にあったのが、『私はマララ』（マララ・ユスフザイ、二〇一三年、学研プラス）。この本は次の年度である二〇一七年度の生徒たちの間で回し読みされた。その生徒の一人は、次のような感想文を書いた。

「(自ら手に取るのは)初めてのノンフィクションを二冊読むことが出来ました!! リアルな話は自分には重くて、表現も難しくて、無理……と心の中で思っていましたが、実際に読んでみると、私の知っている物語の中にはなかなか登場しない戦争のことや男女差別、勉学のことなど沢山の知らないことを知ることができました。2学期に読んだ本の中でも、特に印象に残っているのは『私はマララ』のマララ・ユスフザイさんの言っていたこの言葉です。『One child, one teacher, one pen and one book can change the world. Education is the only solution. Education First.』。教育が世界を変えるなんて私は思ってもいませんでした。……今の世界にはまだ奴隷が存在したり、女性への差別があったりと、教科書に載っていることがそのまま現実に起きているのだと知ることが出来た。このような体験をした人が必ずしていることがある。それは、行動を起こし、希望を捨てず、何があっても諦めない力があるということ、私はこの人たちの言葉に力をもらいました」。

先輩たちから後輩へと脈々とつながる読書の波。彼女たちこそが私にとっては「マララ」だ、と思った。

「話さない先生」

二〇一五年度に二年生だった青木まどかさんは、家庭的に重い問題を抱え、高校入学後は祖父母の元から通っていた。児童相談所やシェルターから通うこともあるなど大変な状況はたくさんあったが、知的な好奇心が強く、負けず嫌いで貪欲《どんよく》に努力し、どんなにつらい時もあっけらかんとした笑顔でそれを語り、健気《けなげ》に乗りこえようとしてきた。コンピュータを買うお金がないので、キーボードだけを買ってもらい、練習して「情報」の成績に備えたりした。

彼女も私の授業で本にはまった一人だ。

「私は最近心理を描いた本が好きになりました。人間の心理は本心が分からず、いざというおいこまれた場面になると人間はびっくりするぐらいざんぎゃくで悪まのようになる時がある。だが逆に心から相手のために動くこともできる。本をとおして人間の本性、心などを考えるようになりました。本を通して私は人間の怖さ、ずるさ、そして優しさ、いとおしさなどを知ることができたと思います。本は私に無限な知識をあたえてくれる話さない先生みたい」。

厳しい現実の中、自身の過酷な体験も客観的に見つめ、人間を信頼して乗りこえようとしている姿が見られる。人の心理を多角的に分析することで、自分の頭で考え、判断し、生きぬこうとするたくましさが育っているように思えた。私は、国語の授業を通して、読むこと、考えることの楽しさに目覚め、深く掘り下げた彼女の学びにいつも励まされた。ノートを通しての作品の分析力は大変鋭く、教室での学びを掘り下げてくれた。努力に努力を重ね、二学年の終わりに学年の成績で一位を取ったことは、彼女の努力のたまものだった。

3　生徒たちの読み解きを大事に

国語教師としてこだわってきたことの三つめに、文章読解の授業がある。教科書の文章を授業者が解説し、それを板書して、ノートに写させるだけの「チョーク&トーク」の授業に、私は疑問を持ってきた。受け身の授業は、生徒にとって本当に読解の楽しさを味わえるものではないし、自ら学ぶという喜びに出会えるはずはないとも思ってきた。

自分に自信が持てない生徒が多いため、授業中に活発に意見を言い交わす状態を成立させるのはとても難しい。だから私は二〇〇六年度までの読解授業では、時々において、自分の考えをノートに書かせてからそれを読んで発表させ、交流したり、討論したりすることなどを心がけてきた。

ところが、前章までで述べてきたように、百瀬和男氏が校長になり、教育への乱暴な介入をはたらくようになって以降、校内が「荒れ」だした。そして二〇〇七年度あたりから授業が成り立たなくなることが増えた。生徒たちが必要のないおしゃべりをなかなかやめられないし、授業中に教室を出たり入ったりしてしまう。とてもじゃないが、文章を共に読み合って集中して一緒に考え合ったり、深め合う雰囲気ではない。

ノートに心の内を

そこで私は、読み取りの授業の中でノートに自分の考えを書かせる頻度を増やしていった。そのことで、たとえ静寂が保てなくても、生徒たちが作品と向き合う時間をつくろうと考えたのだ。その中で授業でのノート記述の際に、自分の心の内を語り出す生徒が増えてきていた。私は、ともすれば成り立たなくなりがちな授業にいどむため、ノートに生徒の記述に応えるコメントをたくさん書いて、生徒たちの学びの意欲を育てようとした。授業の持ち時間を少なくされた（二クラスだけの担当）ために生まれた時間的余裕をそこに注ぎ込んだのだ。

また、本章1でもふれた全私研（全国私立学校教育研究集会）に参加した際に、ある参加者から「教室で作品を読み合うことが、学校崩壊に本当に正面から立ち向かうことになるのではないか。読書を通じて、子どもの内に育った言葉の下地を使って、その生徒たちと教室で学び合う実践こそが大切ではないのか」と言われた。それであらためて意識したのだが、本章の2で述べたような読書指導は大事だけれど、やはり核になるのは、文章を読み取る読解の授業だということである。なかなか授業を成立させることが難しいからこそ、読解授業の実践に力を入れようと考えた。

「国語演習」の授業をはずされた二〇一二年度、私は二年生の「現代文」の授業を二クラス担当し、どうしたら授業中に彼女たちが読み、考えることができるかを考えた。森鷗外の「高瀬舟」という作品の読解にあたり、最初に全文を読んだ後に生徒が疑問に思ったことを出し合い、それに丁寧に答えながら読むことを考えた。

そして、本文にこだわって読むことを促す努力をする。それまで授業の成立が難しかったり、時間数に余裕がなかったりすると、本文から離れて、雑な読み方になってしまっていた。まず私自身がそういう授業にならないよう、本文を音読しながら「この言葉の意味はわかる?」とか「庄兵衛はこの時、喜助のことをどう思っただろう?」などと問いを投げかけた。へたをすれば教科書が準備できず、文章を見ることもない生徒もいるため、貸し出し用の教科書もたくさん準備し、毎時間貸し出した。

また、ノートに自分の考えを書かせてから、それを読む形で授業中に発表して交流した。そうでもしないと、何か問いかけても、答えられないか、「単語だけ」でしか返ってこない場合が多い。自分の考えに自信のない生徒が多いのである。それに比べ、ノートに書くなら意見を述べやすいのだった。ノートは毎週集め、授業で交流できなかった部分の記述からも拾ってプリントをつくり、次の授業で必ず読んで交流し、それについての考えも書かせた。友人の意見から学び、思考を持続させ、さらに自分の考えを深めさせるためだった。

「高瀬舟」の喜助と自分と

「高瀬舟」は、弟殺しの罪で島流しになる「喜助」を、役人である「庄兵衛」が高瀬舟に乗せて護送していく物語。幼い時に両親を亡くし、弟と二人で生きてきた喜助は、極貧ながら弟と助け合い誠実に生きてきた。だが、弟は病に倒れる。貧しい生活の中で兄に負担をかけることを苦にした弟が剃刀《かみそり》で首を切って自殺を図る。直後に喜助はそれを発見、弟は首に剃刀が刺さったまま動けない状態になり、兄に剃刀を抜いて自分を死なせてくれと懇願する。結果的に弟の自殺を助ける形になる喜助の、弟との最後のやりとりを、庄兵衛が聞く形で作品は展開する。

その中で、庄兵衛が、喜助と自分に大きな「懸隔」があり、その根底は「深いところにある」と考えているというくだりがある。授業の一コマで、それは何だろうと追求した。これは、いわば人生観の違いのような問題なのだが、そのときのやり取りの一部が以下である。

私「前回、彼と我との懸隔をやりました。彼と我は誰？」
生徒1「喜助と庄兵衛」
私「そうだね、どんな懸隔、ちがいでしたか？」
生徒2「喜助は欲がないけど、庄兵衛は欲がある」
私「そうだね、もっと他の言い方は？」
生徒3「喜助は人生を楽しんでいるけど庄兵衛は楽しめていない」
私「そういうのもあったね。喜助は、今の自分が置かれている状態を心から嬉しいと感じ、幸せに思えているんだね。では今日はさらにそこを深めます。教科書二九八ページの一一行目を見て、『この根底は深いところにある』とあるね、線を引いて。『この』とは何の根底？　まずそこ

を読み取ろうね」（そのくだりを私が音読）
生徒4「喜助と庄兵衛の違い？」
私「そうだね、ではどうしてそれが『深いところ』なの？　考えていてね。次を読むよ（続く部分を私がまた音読）。少し時間をあげるので、考えて書いてね」
五～一〇分ほど、自分の考えをノートに記す時間を設ける。すると、生徒からなかなか興味深い発言も出始める。

私「ではまだ考えている途中の人はパスして、考えがまとまった人は口火を切ってね」
生徒4「もし庄兵衛が喜助と同じ一人であっても、きっと喜助みたいにはならずに、欲はあると思います。一人であっても、次はもっと豊かになりたい、家族がほしいなどどんどん欲は出てくると思います」
私「たとえ喜助と同じ条件で一人になっても、喜助のようにはなれないということだね」
生徒5「庄兵衛は、人の一生を考えると不安になり踏み止まることはできないが、喜助は踏み止まれるという違い？」
私「『踏み止まる』、本文にこの言葉あったね。確認しよう」
生徒6「庄兵衛と喜助の〝人生生活〟に影響しているのではないかと思います。庄兵衛はお金がある程度あって普通に不自由のない生活をしていたのにたいして、喜助はとても貧しい生活をしていて不自由な生活をしていた……。この暮らしできっと〝お金の大切さ、物という大切さ〟がわかれると思う。貧しくて生活が大変な人はお金の大切さを十分に知っていると思うし、お金持ちの人は〝お金〟の大切さを十分に知らないと思う。でも、貧しい中でもお金持ちになった人はきっとお金の大切さを知っている人もいますよね。まあ人それぞれの性格がありますけど」

私「なるほど、大変な生活をしていたからありがたみがわかるということか」

生徒6は、ノートに、「本当に文章の言葉の説明がゴタゴタですみません。先生には伝えきれない程思いがいつもいっぱいで、どう伝えれば良いかいつも国語の時間思ってます」というようなことも書いていた。

この授業の後に集めたノート記述からプリントを作成し、次の授業で配りながら読んだ。その中に、次のようなことを書いていた生徒がいた。

「深い所っていうのは気持ちじゃないかな。その人がどういう家に生まれて、どう生きてきたのか。その人生の中で、どういう性格が生まれて、気持ちが生まれるのか。どういう考え方をするのか。それによって欲があるかないかっていうのも、わかれてくるんじゃないのかな？　オレは、喜助でありたいと常に思っているけれど実際には難しいものだよね。欲を持ってはいけないと思いつつも、自分のいていい場所がほしい。誰かに愛されたいって思っちゃう……だからオレは庄兵衛なのかなあ?」

彼女はさらに喜助について、「いや、正確には今までの生活が苦しすぎて今しか考えられなかった。先のことまで考える余裕がなかったのかもしれない。庄兵衛は、今のことは考えなくても大丈夫なくらいには安定しているから、先のことを考えて不安になっちゃうのかもしれない」と書いた。不登校を経験したことのあるこの生徒は、別の授業の時に、「一度ついた傷はなおることはないけれど、少しずついやされていく。今も私の心をいやしてくれるものを探しています」ということも書いていた。

別の生徒は、次のように綴っていた。

「自分自身、今の友達との生活を楽しめてるし、小さな事でもその瞬間が楽しいって思えるぐらい幸せだなって思う事が多いから、喜助の考えに近いかもしれない。喜助は教科書の文でも言っていたけれど『自分のいていい場所が出来た』っていう言葉は私も共感できるから。私も今まで友達関係がうまくいかない時が何度かあったけど、今、現在、自分のありのままを出せるような友達たちがいる。喜助みたいな状況ではないけれど、居ていい場所ができたって言える」。

このように、彼女たちは喜助の境遇を、自分のつらかった過去や困難な現在と重ね合わせて捉えようとし、「深いところ」を考えようとしていると思えた。

自由に読み、考えている

「高瀬舟」の授業が佳境に入り、喜助が弟を「殺す」シーンを回想する箇所になる。そこを読んだ日の授業では、普段のような授業の進め方ではなく、思い切って、生徒たちから出た疑問に即したプリントをつくり、それを解き明かす形で読みを進めてみた。

私「今日はこのプリントの疑問を一緒に考えていこう。まず、喜助はなぜ弟を『殺した』と思う?」

生徒1「弟がそれを望んだから」

生徒2「弟が兄を楽にさせてやりたかった」

私「これは弟の思いだね」

生徒3「弟の目が、敵を見るように憎々しくなっているって書いてあるから怖くなったのでは?」

私「そうだね、書いてあるところをもう一度読もう」

生徒4「弟は兄を苦しませたくなかったんだと思う」

私「二人で働いてもやっとなのに、自分が病気になったら兄は自分は食べずに働いていたかも知れないものね」

生徒５「喜助は弟を楽にさせてやりたかったのでは？」
私「弟は痛くて苦しんでるものね」
生徒６「でも、弟はカミソリ以外で、首つるとかもっと確実に死ねる方法でやればよかったのに」
私「かえって、兄に迷惑をかけちゃったよね」
生徒７「喜助は本当は死んでほしくないと思ってたと思う」
生徒８「弟は痛いから早く救ってという気持ちだったのでは？」
私「では、今出た意見のキーワードを使って、なぜ『殺した』のか、その時の気持ちを考えて書いてね」

この後、生徒たちが書いた意見をプリントにして読み合った。例年より形象を丁寧に読んだため、喜助の「弟殺し」の実態を詳しく読んでいる様子がうかがえた。
明治時代の文学作品に対し、現代に生きる生徒たちの読みはさまざまである。例えば、「喜助も人間だし心のどこかでは弟がこのまま死ねば少しは楽できる？と一瞬でも思った」と書いた生徒もいた。私は、「(↑ここも、大事なポイント。喜助も弟が死ぬのを望んだのだろうか？自分が楽できると少しでも思っただろうか？)」とプリントに書いたが、この点は十分に授業内では深めきれなかった。あとで考えれば、喜助たちの生活の悲惨さをとらえ直すことで、この論点をもう少し深められたかもしれないと反省した。

また、「悲しいが殺さなきゃいけないし、殺した方が弟も喜んでくれるはず」「喜助にとって弟は小さい頃から助け合い生きてきたからものすごく大切な家族だ。だからこそカミソリを抜いたのだと思う。弟の苦しそうな顔の中の決意を見て弟の願いを叶《かな》えなければと思ったんだと思う」などの意見も出た。

ある生徒はノートに、次のように長い文章で、自分の読み方を記していた。

「弟は兄の負担になっている。兄を苦しめているのだと思い、兄を思って死んだ……。だけど、本当は、兄が弟を苦しめていたのかもしれない……。兄の姿を見て常に申し訳ない気持ちがいっぱいになっていた。兄の姿を見るのが辛《つら》かった。早く死んで、自分が楽になりたかったのかもしれない。兄がカミソリを抜いたのは、その行動が弟にとって一番の救いになるから……。カミソリがさったままの苦しい状態でいるよりも、早く死んでしまった方が弟にとって楽になれる……。ただそれだけじゃないかもしれない……こういうときほど色々なことが頭の中を駆け巡る。もしかしたら元々助からない命を今たすけたところで弟を苦しめるだけだとか、医者を呼んだところで助からないとか……医者に診せて助かったとしても金が払えないとか……弟を思い、弟のためだけに殺したのではなく、心のどこかでは自分のためにも死んでもらう……というのもあったのかもしれない……。弟が兄に頼んだのは、心から信用していた、信じていたから……他の人だったら、自分がどれだけ言っても医者を呼んできてしまうかもしれない……。だけど兄なら、きっと自分の気持ちを分かってくれるはず。どんなにいやがっても最終的には殺してくれると信じていたから、兄に頼んだのではないだろうか」。

形象をかなり丁寧に追いながら読めているのがわかる。作品の読み方として「正解かどうか」ということよりも、自由に読み、考えていることが尊い。「荒れ」ている学校でも、生徒たちの思いを引き出しながら丁寧に作品を読んでいくことで、生徒たちは深く思考する力を発揮する。その力は、学校、生徒たち自身を変えていくものかもしれない。そんな手応えも私は得ることができたように感じた。

遠い話ではないんだよね

この年度、担当の授業数が少ないのを利用し、授業直後に覚えている限りで授業記録をつける試みを一一時間ほどの授業について行った。二学期後半は、比較的授業時数に余裕があるために、このように時間をかけた取り組みが実現できたと思う。

「チャイム読書」が比較的成立し、落ち着いて学ぶ空間がつくれていたことも、この試みの後押しになっている。意見を聞けない生徒がいて落ち着かないときも、生徒の意見に私が合いの手を入れたり、生徒の意見を繰り返して確認したり、私が黒板にまとめてそれを写させながら考えさせることで、集中させることができた。

生徒の疑問に丁寧に寄り添い、授業の中で本文を読み味わえたこと、ノート記述をプリント化し読み合うことでさらに深められ、生徒たちが読みを通して思考し続けられたという手応えを感じた。私のコメント・励ましが助けになっていたことも生徒の感想からわかった。ここには、「国語演習」などの作文指導を通して一人ひとりが思考し書くことにこだわった実践も役に立ったように思う。「豊かで、こまやかな発問による深い読み」がどこまでできたのかという点ではまだまだ課題が大きい。生徒の読みがずれているときに、発言を否定せずに、その読みのずれを手がかりにさらに深い読みへ導く方向性を模索したいと思った。また、一人ずつノートを読みながら発表するだけではなく、教室の中で、対立する議論が起きるようにしかける方向を探りたいと考えた。

ところで、この「高瀬舟」の授業の中で、私は次のようなことを生徒に話したことがある。作品の読解とは別の話だが、自分の意見を語り合う生徒たちの姿を見ていて、思わず話してしまったのだ。

「実は私はこの学校に勤めて三〇年になるのだけれど、本当にこの学校の生徒が好きで、いつも教えられています。三〇年の間には鶴川をやめていった先生もたくさんいたけれど、どの先生もみんな鶴川の子は良かったっていうんだよね。私もそう思います。で、何度もこの『高瀬舟』の授業をしてきたのだけれどそのたびに、鶴川の子たちは『喜助』みたいだなって思う。この学校の中で一生懸命学んだり友達と生き生きと生活していたり、今を一生懸命生きて楽しんでいる。今の高校生活を精一杯楽しんでいる。

実は私ももう何年もクラス担任を持っていないからクラスを持ちたいな、みんなと研修旅行に行ったりもっといろいろなことをしたいなとか、部活も実は前、演劇部の顧問だったりして、早く部活ができるようになりたいなとか思う。でも、それでも、すぐにそれがかなえられなくても、今この中で頑張っているみんなからいつも励まされる。みんなが一生懸命ノートに書いてくれた言葉とか、本当にそれを見るのが、楽しい。そういうことが『喜助』かな、なんて思う。もちろん、現状このままでは良くないと思う部分もたくさんある。鶴川には素敵な卒業生がたくさんいて、『前みたいにいい学校にして』って言われるけれど、本当にそのためになりたいって思う。

だから、自分のやりたいことができないから鶴川をやめてそれができる学校に移るっていう気持ちにはなれなかった。鶴川の生徒たちが好きだから。ね。この作品を読みながらそんなことを思うんです。だから、江戸時代の話だけれど『喜助』と『庄兵衛』って遠い話ではないんだよね。今の私たちの生き方とか生き様と関わっていくんじゃないかなって思う」。

読解授業の進化

二〇一五年度のやはり「現代文」の授業で、私は授業の進め方をさらに工夫してみた。二〇一〇年の全私研で、ある国語教師の方が、「生徒の疑問に沿って、授業を組み立てる」と言っていたのが印象に残っていて、先ほど紹介した二〇一三年度の「高瀬舟」でも部分的にそれを試みていたが、より本格的にやってみようと思ったのだ。

全私研では、教材の本文を段落ごとに切り取ったプリントを作成し、ところどころに空欄をつくって、そこに生徒に言葉の意味や文意を書き込ませながら本文を読んでいく実践が紹介されていて、それも気になっていた。区切られた文章を、疑問を持ちながら読ませたらどうなるのか、と興味がわいたのだ。ただ、この場合、クラスによって出る疑問が違ってくるだろう。その場合には授業の展開を変えるというのだが、それがどうなるか予想がつかなかった。それに、教科書ではなくプリントに書き込ませることで、ただでさえ教科書を自分で用意できない生徒たちが、それまで以上に教科書を持参しなくなるのでは、という懸念もあった。それが理由でなかなか踏み切れなかったが、目的は、目の前にある文章を読み味わうことだから、と考え直し、ある小説の教材を使ってやってみることにした。

教材の本文を、段落ごとに転記したプリントを配る。生徒にはまずは空欄の語句の意味を辞書で調べさせ、答え合わせをする。その後、一度私が範読した上で、その段落部分だけの「気になること・疑問に思うこと」を書かせ、発表させたり、ノートの中身を紹介したりして、段落ごと、生徒の疑問から出発し授業内容を組み立てていく。やってみると、驚くほど生徒たちが言葉、文に集中し、それにこだわって読んでいっていることに気づいた。生徒たちが気づく表現や作品の特徴は、大切な点が多く、私もそこから多くを学んだ。クラスによって展開が全て変わるので大変だったが、生徒たちにはとても好評だった。

この二〇一五年度の終わりの方で「山月記」（中島敦）を扱った。「山月記」は高校の国語教材の定番ともいえる作品で、人間が虎になるという中国の古典に題材を得て書かれた作品である。唐の時代、優秀な官吏でありながら詩人になる夢も捨てられなかった主人公の李徴《りちょう》が、ある時、虎になってしまう。次第に人間の心を忘れてしまうが、ある時、かつての親友である袁傪《えんさん》と出会う。李徴ではないかと問いかける袁傪に、李徴は、自分が虎になったいきさつを語るという物語だ。そのクライマックスの五段落では、虎になった理由の核心が語られる。

まず、生徒たちが本文のほとんどの言葉を読めず、意味がわかっていないということに気づいた。生徒の発言やノートに書いた疑問からそのことに気づかされたのである。あるクラスで「時に、残月、光冷《ひや》やかに、白露は地に滋《しげ》く、樹間を渡る冷風は既に暁の近きを告げていた」という五段落の冒頭を読んだとき、ある生徒が「残月って何？　白露って何？　しげくって何？　樹間って何？　冷風は？　暁って何？」と質問してくるという調子である。ちなみにこの質問の生徒は、外国籍ながら知的欲求の強い生徒だった。

もちろん「山月記」はこれまでにも何度も扱ってきた。そして語彙《ごい》が難解だと感じ、ていねいに解説していた。しかし、生徒自身の口からどこがわからないかを細かく出してもらうことで、そのわからなさが尋常ではないことを私の方が認識できたのである。生徒にとって「山月記」はどこがわからないのかさえわからないくらい、古典の漢文のような存在だったのだ。

このことを知ったあと、私は、国語辞典を毎時間の授業に持ち込み、出される疑問に対し、その場で正確にわかりやすく返していくことを心がけた――これは当然のことのように聞こえるが、このプロセスを経ると、明らかに生徒の作品理解が変わってくるのである。プリントに生徒がていねいにルビを振るようにもなった。言葉とその意味にこだわる生徒がどんどん増えていった印象がある。

文章の内容への疑問を出し合うと、問題意識が深まるのだと思う。生徒の疑問を宿題として私が持ち帰ることもあった。生徒からは、「全員に当ててくれるので、発言しやすい」「どんな疑問も肯定的に受けとめてくれるので言いやすい」などの声もあり、主体的な学びに近づけた気がする。

そんな読みの深まりの例として、二〇一八年度の生徒は次のように書いた。三人の生徒がノートに書きこんだ感想を例に挙げたい。

「山月記は、自分の心の弱さが、いつしか自分の本当の姿となるということから、爆発するまでがまんしないで、自分でちゃんとコントロールしなさい、というのと、その弱さを克服できるような強さを身につけなさいということなのかなと思った」。

「私も、李徴の気持ちは凄くわかる。プライドが高いところなんてとても似ているし、友達にも、李徴に似てるねとまでも言われてしまったから、李徴の人には聞かず、自分の中で物事を完結してしまう姿に共感しかなかった。だからこそ、私がもし李徴の立場になったとして、あの悩んでいた時にもし他の人の意見を求め、作品を批判された時に、私だったらいらついて直さないかもしれないが、李徴だったらどうなのかと気になった」。

「虎になった原因を自分で探っていくと、今まで目を背けていた自分のマイナスな面が見えてきて、私にもそういう所はあるから、距離が近く感じました。誰にも人に見られたくないところや、プライドがあるものに関しては特に、触れてほしくないと思うことはあると思います。ただ、他人から評価されるということは、気にされている証拠でもあるから、李徴はプライドを傷つけられることばかり気にするのではなく、それらを感謝する気持ちもあればよかったのになあと思いました。李徴が人間だった時に、気づけてたらもっと成長できていたと思う」。

ここまでくれば、言葉の難解さを乗り越え、李徴の苦悩と自分にどんな接点があるのかを考えているなと感じられた。

「尊大な羞恥心」をめぐって

二〇一九年度、私は一クラスの生徒だけを担当し、「山月記」を最後に扱った。この年度、私は「授業はずし」にあい、週あたりの持ち時間は四時間だったが、その時間的な余裕もあって、これまでで一番、本文読解をていねいに行えた気がする。生徒がどの言葉がわからないのか、何にこだわるのかに寄り添うことができた。

毎時間全員のノートを集め、コメントを書きこんで返した。授業中は恥ずかしがって発言しなかった生徒の疑問もノートから丁寧に拾い、次の授業でそれらの疑問に一つずつ答えながら取り組んだ。

授業が例の第五段落までくると、みんなの疑問はやはり「李徴はなぜ虎になったのか」に集中した。私は、それがいよいよ明らかになるところだよと言って、「尊大と羞恥心は何がつながっているのか」「臆病な自尊心と尊大な羞恥心《しゅうちしん》とは何か」という言葉を板書した。「山月記」のこの部分には、次のように李徴が語るくだりがある。

人間であった時、俺は努めて人との交わりを避けた。人々は俺を倨傲《きょごう》だ、尊大だと言った。実は、それがほとんど羞恥心に近いものであることを、人々は知らなかった。もちろん、かつての郷党の鬼才といわれた自分に、自尊心がなかったとは言わない。しかし、それは臆病な自尊心とでもいうべきものであった。俺は詩によって名を成そうと思いながら、進んで師に就いたり、求めて詩友と交わって切磋琢磨《せっさたくま》に努めたりすることをしなかった。かといって、また、俺は俗物の間に伍《ご》することも潔しとしなかった。ともに、我が臆病な自尊心と、尊大な羞恥心とのせいである。己《おのれ》の珠にあらざることを惧《おそ》れるがゆえに、あえて刻苦して磨こうともせず、また、己の珠なるべきを半ば信ずるがゆえに、碌々《ろくろく》として瓦に伍する（引用者注：価値のない者の仲間になる）こともできなかった。俺はしだいに世と離れ、人と遠ざかり、憤悶《ふんもん》と慙恚《ざんい》とによって益々《ますます》己の内なる臆病な自尊心を飼いふとらせる結果になった。人間は誰でも猛獣使いであり、その猛獣にあたるのが、各人の性情だという。俺の場合、この尊大な羞恥心が猛獣だった。虎だったのだ。これが俺を損ない、妻子を苦しめ、友人を傷つけ、果ては、俺の外形をかくのごとく、内心にふさわしいものに変えてしまったのだ。

「尊大」と「羞恥心」は、一般に逆の意味を持っているように見える――生徒が提出したノートに、その点にふれたするどい疑問が書かれていたので、それをとりあげてみたのだ。ノートに書かせてから発表させた。

生徒1「おびえているけど、自分はできる!! と思ってるのかな?」
生徒2「自尊心が強いから、傷つけられることを怖れる」
私「なるほど。そういうことあるね」
生徒3「プライドはあるのにそのプライドを守るために自分から行動しなかった」
私「足を踏み出せなかったんだね」
生徒4「人に頼りにくい性格なのかな」
生徒5「自分のプライドを人にいわれたくないんだと思う」
生徒6「違うかもしれないけど、自分で自分のことを偉大だと思っていることは恥ずかしいこと?」
私「いや、違わないんじゃないかな。自分で自分ができると思ってると思われるのって、恥ずかしいし、かっこ悪いよね。その気持ちがとても強いんじゃないかな」
生徒7「人目が怖い」

以上が授業中の発言だった。次の授業で、発言した生徒のノート、及び発言しなかった生徒のノートを使ってプリントを作成し、教室で読んだ。発言した生徒の中では、たとえば生徒2は次のように書いた。「臆病な自尊心→自尊心（プライド）が強い（高い）ため、傷つけられることを極度に怖れる　尊大な羞恥心→羞恥心が強いから、羞恥心にとらわれて機会をもつまいとわざと尊大にかまえて他人を避ける」。生徒3はこうである。「プライドはあるのにそのプライドを守るために自ら行動しなかった→臆病　ただあるだけのはずかしい気持ち→行動が伴っていない」。このように自分の言葉で更に分析したものがあり、授業中発言しなかった人のノートにも、「臆病な自尊心→プライドが高いから、人に見せるのがこわかった　尊大な羞恥心→プライドが高いからそれを指摘されるのが恥ずかしい」（生徒8）と生徒2・生徒3同様、臆病な自尊心、尊大な羞恥心を分けて分析しているものがあった。

その後、さらに後半の言葉の疑問を解きながら読み進め、「結局なぜ虎になったのか」を自分の言葉でまとめさせた。その際にこの段落に来るまでの間にたくさん出てきていて、まだ回収できていなかった疑問をもう一度プリントで提示した。そしてそれを手掛かりに考えるのもありだというふうに、示唆した。

「まるで今の私みたい」

次の時間、ノートから拾った言葉でプリントをつくり、読み合ったが、たとえばそれまでに出た疑問――「詩人になりたいことと虎に共通点があるのか」（生徒4）や「精神を病んで獣ってとこがどうしてかなって思った」（生徒5）を踏まえながら考えた、「詩人のことをかんがえすぎてコントロールできなくなった。精神をやんだ」（生徒10）のようなものが出てきた。また「詩を作るにあたって欠ける部分があると言っていたがそれは何か」（生徒9、生徒2）に答えつつ、「臆病な自尊心、尊大な羞恥心が他の人を必要以上こうげきするみたいな感じ、これが虎そのものだと私は思う。自分の心のじょうたいが、外見までもかえてしまった。自分の場合この尊大な羞恥心がもうじゅうだった。→だから虎になってしまったのだ」（生徒2）のような意見が出た。

あるいは、「人間は誰でも猛獣使いで何故李徴だけが虎になったのか気になった（他の人は人間のまま）」（生徒7）、「最終的には李徴以外の人も虎になるのかな」（生徒5）への答えとして、「自分の心をコントロールできずに人からも離れてしまったから段々人間じゃなくなってしまった。（他の人は自分の心をコントロールできて人と関わっているから猛獣にはならない）」（生徒7）のように深める生徒もいた。

「なぜそもそも数ある動物の中で虎だったのか」（生徒3）に答えて、「李徴は、尊大な羞恥心と臆病な自尊心が強すぎて、人を傷つけるようなことをしてしまっていたから（虎も人を食べるから傷つける）内心が外見にあらわれてしまったんだと思う」（生徒6）といった意見もあった。

自分や友人の疑問を手掛かりに、自分の言葉で李徴の状態をずっと考え続け、答えが深化して行っているのが大変印象的だった。

ある生徒は、「妻子を苦しめ、友人を傷つけと言っているけれど、そう思うなら最初から先生についたり同じ道をめざす人と切磋琢磨すればよかったのにって思った」という趣旨の問いかけをした。私は、それをとりあげて、「なぜ最初からそうしなかったのか？　できなかったのか？」をノートに書かせ発言を促した。

生徒3「ちっぽけなプライドがじゃまをして人に甘えられなかった」
生徒7「切磋琢磨してくれる仲間がいなかった」
生徒4「李徴のプライドがじゃまをしてできなかった」
生徒6「人一倍プライドが高く、人目を気にする性格で自分が劣っているところを指摘されるのが怖くてできなかった。李徴も李徴なりに格闘していて、だから怠けていたのではないんじゃないかなって思う」

この生徒6の見方には李徴への共感もにじんでいる。共感するほど深く読めていたということだろう。このように彼女たち自身の疑問にこだわりながら何度も往復しつつ読み解くことで、難解な第五段落を、李徴の苦悩を、自分たちの言葉に置き換えて理解することができるようになった。ここに、生徒たちの読みの成長を感じた。

授業後の定期テストで、「あなたは李徴の生き方についてどのように思ったか。自分とてらし合わせながら百五十字以上で答えなさい」という問いを課すと、一人ひとり興味深い答えを寄せてくれた。

「李徴の生き方は、自分のプライドが高くだれにもたよることが出来ずにこりつしてしまっていた。でも私は、すこし共感できるところもあった。自分も好きな事にかんしてのプライドが高いので、あまり人にたよろうと思うことがないから、にていると私は思った。照らし合わせてみるとどことなく李徴の生き方が私とにているところが多く、自分でもおどろいた」（生徒2）。

「李徴は自分の中にあった臆病な自尊心と尊大な羞恥心のせいで詩友と切磋琢磨することができなくて人を見下すようなことをしてしまっていた。それって多分だれにでも共通していて、私も人よりこれは得意だなと思うことには気を抜いて取り組んでしまったり、人より出来てるなと思ってしまうこともあるからそういう面では李徴と重なることが少しはあるなと思った」（生徒6）。

「完全に悪いとは思いません。自分はできるという自信を強く持っている所はすごく良いと思います。ただ、その自信に甘えて努力しなかったのはいけなかったと思います。私は自分に自信がなく、すぐ誰かに聞いたり、友達と一緒になにかをやったりするので、李徴とは真逆の性格をしていますが李徴の生き方も私の生き方もどちらも間違っていないと思います。他人に迷惑をかけない生き方なら」（生徒3）。

「私は、李徴の生き方ってまるで今の私を映しているみたいだなと思った。自分の才を自分でつぶして後悔するっていう。後々後悔するなら今やっておけばいいものをって思うのだけれど、己の中の臆病な自尊心と尊大な羞恥心にじゃまされて、結局やれずに終わるっていう。だからか、李徴にはだいぶシンパシーを感じた。李徴の生き方って人間味があって、私は好きだった」（生徒8）。

ノートに自主的に「山月記」の作品論を書いていた生徒もいた。

「山月記で虎というのは現代風にいうと犯罪者や自殺者なのかなと思いました。李徴の場合は詩人になりたい強い気持ちと自尊心と羞恥心の気持ちが激しくぶつかりあって心が壊れてしまい、人間でいられなくなって虎になったので、もし李徴のような人が現代にいたら犯罪者か自殺者になっているのかなと思いました。（心が壊れているので常識人とは考えが違う為何をするかわからない）なので逆に現代を山月記の世界にしてしまうとほとんどの人間が動物になって最終的には人間は滅ぶのかなと思いました（笑）」（生徒7）。

「李徴は博学才穎《さいえい》で詩の才能も飛び抜けてあったのに、高いプライドがじゃまをして自分の詩を人に見てもらって自分の才能を伸ばすことができず、だからといって詩人になる夢をあきらめきれない。誰にでもありうることだなと思ったし、自分にも少しは重なる部分もあって、でも、何をするとしても人からのアドバイスとかって大切だし、いくら自分に才能があっても自分1人じゃ限界があるんだなと思った。李徴の内心が外見に虎として出てしまったように私たちの内心や性格も目とか顔に表れるから優しさとか人に気づかう気持ちは常に持ってないといけないと思う」（生徒6）。

生徒たちのこれらの言葉には、李徴の内面の葛藤を、生徒が自らの言葉で置き換え、本質に迫る理解につながっていった手ごたえを感じた。生徒たちが集団で読み進めることの深まりを感じると同時に、私自身も作品の読みを深めていけていると感じた。毎年同じ作品を扱っていても、まったく違った疑問に出会ったり、全く違う読み方に出会えたりする。そうした出会いは震えるほどの感動であり、読解の授業の醍醐味だった。二〇一八年度に教えたある生徒は、卒業する際にくれた手紙の中で次のように書いてくれていた。

「三木先生の授業は、褒めて伸ばすタイプだと私は思っていて、生徒のどんな発言も否定はせず、全てを肯定するその優しさが生徒のやる気を導いていて凄いなと思っています。発言するのが苦手な私でも、間違いを恐れる事がないので先生の授業であればただ聞いているだけではなく発言などして自らも参加できて、とても授業に対してやる気がでました」。

別のある生徒も「先生が授業するのではなく、生徒と共に作る授業ですね」と言ってくれた。そう、生徒の問いから出発して、一緒に考えていく授業でこそ、生徒は生き生きと探求でき、力を伸ばすことができるし、私も多くのことを学ぶことができるのだ。やはり、鶴川高校の生徒たちは大切なことを教えてくれる。

次のステージへ――おわりに代えて

百瀬校長の報復

野本香苗さんの担任はずし事件について、学園側が控訴、上告した行政訴訟は、すでに述べたように二〇一七年七月、最高裁で上告不受理が決定された。二〇一一年に担任をはずされ二〇一二年一月に救済申し立てをしてから五年半、学園側のしたことが全て誤りだったと断罪されたのである。裁判所は鶴川高校に、「担任はずしをしたことは誤りだった、今後二度とこのようなことは行わない」という謝罪文を出すよう命じた。百瀬和男氏の名義による謝罪文が職員室に貼り出された。

しかし百瀬校長は「報復」した。謝罪文を出すことがよほど悔しかったのかもしれない。二〇一八年二月二六日、「期間満了のお知らせ」という紙切れ一枚で当の野本さんを解雇（雇い止め）したのである。

二〇一三年四月に改正された労働契約法によると、五年を超えて勤務している労働者は無期雇用転換権を行使することができることになっていた。野本さんは一年契約の常勤講師で、その新しい労働契約法により、二〇一八年四月から無期転換権を行使する予定だったのである。形式上は一年契約の不更新＝雇い止めだが、事実上、無期雇用への転換権を持っていた野本さんに対するこの措置は、実質的には解雇というべきだろう。労働契約法に反するものだ。組合を敵視し、できればなくなってほしいと願う百瀬校長は、私たちの組合で一番若い野本さんが無期雇用になることを避けたかったという狙いもあったかもしれない。

これは、「組合差別を二度と行わない」という自らの謝罪文にさえ反する組合への攻撃でもあった。二七年間にわたって鶴川高校で教育に情熱を注ぎ、こまやかな教育で生徒から慕われてきた野本さんがなぜ雇い止めにされなければならないのか——私たちはもちろん、野本さんを知る多くの関係者が百瀬校長のやり方に怒りの気持ちを禁じえなかった。

私たちは団体交渉、ストライキと抗議行動、集会、学園要請など、様々な方法で野本さんの解雇を撤回するよう働きかけた。二〇一八年三月一六日の団体交渉には八五名の方が駆けつけてくださった。また三月二四日、鶴川高校正門前にて、解雇撤回抗議集会を一〇〇名の参加者で行った。その際、野本さんは、次のようにスピーチした。

「このたびこういう形で、雇い止めの通告を受けましたが、組合員である常勤講師への不当な行為だというふうにあらためて感じさせられました。学校という場はやっぱり公平で、そして独断のことは許されないそういう場だというふうに思っております。ぜひともここでこういった行動を、この学校からくい止めて、あらゆる他の職種・企業に波及しないようにしていきたいと思っております」。

解雇が強行された後の四月、野本さんの担任した生徒たちに組合員の酒井真実さんが会うと「のもちゃんがいなくなっちゃった」と数人で固まって泣いていた。彼女たちは野本さんに手紙を書いており、そこには「野本先生に会いたい」「なんでいなくなっちゃったの？」などの言葉があった。元気のいいある生徒は、「野本にごめんって、言っておいて」と酒井さんに言った。その生徒は、自分がやんちゃだったから野本さんが辞めたのだと思ってしまっていたのだ。

2019年2月、酒井さん（中央）が解雇される直前の授業で

　これは、かつて私が担任をはずされた時に生徒が言った言葉と似ていた。鶴川高校の生徒たちは、人の痛みに敏感である。だから、本能的にそんなふうに感じ取ったのだと思う。しかしその後、野本さんの不当解雇を撤回するよう求めて組合が起こした裁判の中で、学園側が解雇理由として出した事柄は、全く事実に基づかない、理由とはおよそいえないお粗末なものだった。

　その一年後の二〇一九年二月、百瀬校長は、酒井さんの定年後の再雇用を拒否し、三学期の授業を三日残して、年度の途中の誕生日で雇用を打ち切った。鶴川高校の定年は六〇歳。しかし、周知のように、二〇一三年に高齢者雇用安定法が改正され、定年の六五歳までの延長などと合わせ、希望する従業員には、定年退職後に新たに雇用契約を結ぶことが義務化されている（定年後再雇用制度）。酒井さんはその前年一一月に継続雇用の希望を学園に提出していた。それを無視した雇用打ち切りは、法の趣旨に立てば事実上の解雇である。

酒井さんは二〇一五年度から体育の授業はずしに遭い、一三クラスの保健の授業を担当していた。保健の授業の中で「多様な性」についても扱った酒井さんに、ある生徒は「ＬＧＢＴ　性の多様性」という「卒論」でこう書いた。

「最後に酒井先生、先生がいたから私は自分自身に嘘つくことなく前向きに高校生活を楽しみ、大きく成長することが出来ました。愛し方は人ぞれぞれ、授業をしてくれてありがとう。私は将来教員を目指していますが、それは酒井先生のおかげでもあります。個性を大事にしていた先生の授業を忘れません」。

生徒たちに深い思いをもって接してきた酒井さんだからこそ、鶴川高校の生徒たちは大切な学びを得ることができた。百瀬校長はそういう教師を生徒から奪ったともいえる。

二〇一八年一〇月、私たちは新たに、野本さんの解雇撤回を求めて地裁に提訴し、続く一二月には都の労働委員会に申し立てを行った。さらに、酒井さんの再雇用拒否、一連の仕事はずしなどの組合差別をやめさせるための都労委への申し立てを二〇一九年三月に行った。

組合側のこの反撃への報復として、さらに校長は、二〇一九年度、私を含む組合員五名に対して授業を週四時間しか担当させないという授業はずしを行ってきた。組合の正当な活動に対する、不当な攻撃である。そこで私たちは、既に組合差別をやめさせる都労委への申し立てをしていたので、授業はずしの件も追加で申し立てた。

この件とは別に、二〇一九年一二月一二日、先にふれた常勤講師の賃金差別裁判の判決が言い渡された。東京地裁は、常勤講師の定期昇給が「法的拘束力を有する労働慣行であった」と認め、過去五年分の昇給額に当たる九五八万二〇〇〇円の損害賠償を野本さんに支払うよう命じた。二〇一六年八月三一日に提訴して三年余りが経過していた。学園は控訴せず、この判決は確定した。

私たちは二〇一九年一二月二〇日の終業式の日、帰りのホームルームが終わって生徒が下校する時間にストライキを行い、ハンドマイクで訴えながら、帰宅する生徒たちにチラシと保護者宛ての手紙を手渡した。私たちの要求は、①地裁判決にもとづき、九五八万二〇〇〇円をすみやかに支払うとともに、野本さんの解雇と酒井さんの再雇用拒否を撤回すること、②二〇二〇年に松山さん、村田さん、私について、定年後継続雇用を行うこと、③今いる二一名の常勤講師を全員専任教諭にすること、④高校以外の短大、幼稚園、保育園に支給されているボーナスを高校教職員にも支給することと、だった。生徒たちが帰宅した後、正門の前で行った集会で、組合委員長の板橋圭子さんは、次のように発言した。

「この要求は、生徒が生き生き活動する、成長するために、どうしても欠かすことができないものです。鶴川高校は、非正規の先生が七二パーセントもいらっしゃいます。団体交渉で、常勤講師の先生を専任にするよう要求したら、百瀬和男理事長は『雇用の調整弁だから専任にはしない』と言いました。七二パーセントの先生たちが『調整弁』だなどという理屈は成り立ちません。その先生たちは鶴川高校の教育を支える大切な人たちです。

学校は誰のものなのでしょうか？　それは生徒と、その成長を支えるみんなのものです。先生を大切にせず、クビ切り、雇用打ち切り、常勤講師の賃金差別、組合差別が行われ、どんどん教員がやめる学校では、生徒の成長を支えることができません」。

若い常勤講師に対しても

年が明けて二〇二〇年一月、常勤講師賃金差別裁判で組合側が勝訴したことへの百瀬校長の新たな「報復」が始まった。若い常勤講師たちは、この判決で、自分たちの賃金も改善されるのではないかという希望を持っていた。しかし、それを叩き潰す方向に学園は進んだのである。一月下旬、副校長室に常勤講師を一人ずつ呼び、井田昭夫副校長は雇い止めの通知を渡していった。理由を聞いても、「あなたと学園の考えが合わないからだ」と言い、「どう合わないんですか」と言うと「そんなことを言う必要はない」と言い放った。

二〇一九年度の若い教師たちは、「子どものことで助け合う」「小さな要求を多様なやり方で、自分たちで実現」「だれかを攻撃したり、売ったりしない」といったことを共有していた。同期か、同じ学年か関係なく、緩やかに広範につながっていて、これは今までにないことだった。文化祭でも、新任の若手の出し物を若い教師たちみんなが応援している姿が見られたり、体育館の舞台でラウンドで、若手が自由な発想でのびのび表現して生徒たちを喜ばせる姿もあった。

そんな彼らは、自然と、理不尽なことに対してものを言う教師たちだった。裁判で常勤講師の定期昇給が認められたことを知ると、副校長に対し「給料は上がるんですか?」などとも言った。雇い止めは、そういう当然のことを、無理やり抑え込もうとする、ほとんど狂気ともいえるパワハラだった。常勤講師六名、非常勤講師一名が雇い止めにされた。毎日誰かが雇い止めにされる中、その状況に耐え切れず、あるいは見過ごすことができず退職する人が続出し、二四名もの退職者が出た。

こうした事態に、私たちは三月六日、ホームルーム指導教員室内で二〇分の時限ストを行った。心ある教師たちは全員着席したまま耳を傾けていた。パワハラの元凶の管理職は不在だった。

私はこの時、「教育に最も大切なことは継続性です」と強調して、次のように訴えた。「せめて生徒が卒業するまでの三年間、同じ先生たちにサポートされることで生徒たちは大きく成長します。特に鶴川高校の生徒たちの多くは、家庭的にも、学習面でも、対人面でも細やかなサポートが必要な生徒たちです。それなのに、これまで関わってくれていた先生たちの多くがいなくなってしまったら一体どうなることでしょう。過去にも雇い止めを含め二五人の先生が退職した年がありましたが、始業式、生徒たちは校舎中を探し回りました。『〇〇先生ロス』と言って、まるで捨て子のような状態になり、前向きに学校生活を送れなくなる、学習にまっすぐに向き合えなくなる、そういう状況は目に見えています」。

村田智美さんは、「今この学校で起きていることは、本当に許せない事態です」と、次のように告発した。「新学期に新二年生、新三年生が来たとき、どうなるでしょうか。今ここにいる、一学年のチーム、二学年のチームで連携を取って、生徒たちをこまやかに面倒見てきたのです。それが、自分たちの面倒を見てくれた先生たちがほとんどいなくなってしまう。そういう中で、残ってやっていく先生たちも大変な状況になることは目に見えています」。

渡邊紀子さんはこう言った。「新しい職場で、心機一転、頑張って行こうと思われている先生も、ここに残って生徒たちのために力を尽くそうと思っている先生方も、三月の間、この学校のために力を貸していただきたい。ずっと長くいる私たちがこの学校をこんな状態にしたまま変えられなくて本当に申し訳ない思いでいっぱいです。でもこの学校の生徒たちのために、みんなで何とかしていきたいと思っています」。

そして三月一三日には、やはりホームルーム指導教員室内で二度目の時限ストライキを実施した。この時は組合員による朗読劇で、全国から寄せられた抗議ファックスの内容を紹介した。その中には次のような言葉があった。

「教職員を大切にできない学校が、子どもたちに良い教育をできることはありえない。そんな学校がいったい何を子どもたちに教育するのか」。

「『生徒を第一に考える先生』は結果として『学校のためになる先生』なのではないですか? 鶴川を愛する先生たちを辞めさせないで再考を!!」

「生徒にとって一番身近にいる教員こそ、現場を理解しそのために悩み、工夫しているはずです。

2020年３月の時限ストライキ。左から村田さん、渡邊さん、松山さん、板橋さん、著者

その教師を大切にできないならば、生徒を大切にしていないということです」。

「子どもたちから大好きな先生を奪わないで！　教育の継続性を堅持して鶴川高校の教育力の向上を！」

三月一八日の終業式。百瀬和男校長は、新型コロナウイルス対策を口実に、一、二学年のクラス担任以外の教師、つまり私たち組合員も含む教師に、出勤停止を意味する強制休日を指示した。しかし、注目されたのは、出勤を許されていた一学年、二学年の数多くのクラスの担任が、辞めることを生徒たちに告げたことである。

二〇一八年度まで、辞めることを生徒には告げずにたくさんの教師が辞めていった。しかしこの年に辞めた若い同僚たちはそうではなかった。「あなたたちを見捨てたのではないよ」「本当は鶴川高校にいたかったのに辞めさせられたのだよ」と彼らは生徒たちに話したのだ。

生徒たちは、働き続けたいのに辞めなくてはならなくなった担任の言葉を聞いて号泣したという。どのクラスの生徒たちもみんな泣いていて、下校するどころではなかったらしい。

これはある意味、雇い止めに遭った若い教師たちの「ストライキ」だったといってもいいかもしれない。実はこの日、私たち組合員は、ストライキを計画していた。しかし、多くの常勤講師の先生が雇い止めされたことを聞いて、動揺したり不安定になったりする生徒が続出することを危惧《きぐ》し、ストを行うのは新学期に入ってある程度落ち着いてからにしようと決めていた。一方で学園側は、私たちがストライキを実施するのを警戒して、出勤停止にした。しかし、若い先生たちがそれに代わる、いやそれどころか本当の思いを伝えるという行動に出たのである。

実は、これに先立つ二月末に自主退職をした常勤講師は、最後の日のホームルームで生徒たちとの別れを妨害されていた。管理職がその教師の教室に入り込み、最後のホームルームをさせなかったのである。これは、常勤講師が学校側のパワハラについて何か生徒に言うのを恐れたためと思われた。生徒たちは仕方なく、廊下に出て花道をつくり、号泣しながら担任との別れを惜しんだ。

それを見ていた若い教師たちは、どうしたら終業式に妨害されずに自分の本当の思いを生徒に伝えられるかを考えあっていたという。彼、彼女らは、やむにやまれぬ思いで、自分の思いを生徒に告げたのだ。

なぜ頑張ることができたのか

この一五年ほどの鶴川高校のできごとをここまで綴ってきた。それは一言でいえば、百瀬和男校長が、学校支配の障壁となる教職員組合への憎悪のために、まともな学校教育を次々に壊していき、生徒と教師を非人道的に抑圧してきた年月だったといえる。だがそれは、司法の審判も明らかにしてきたように、不法・不当なものだ。

私は鶴川高校の生徒たちが大好きで、どんな不当な処遇を受けても、鶴川高校の生徒たちとともにありたいと、ずっと思って働いてきた。私は教職員組合の一員であり続けてきたわけだけれど、それも、鶴川高校の生徒たちに、よりよい教育環境を保障するための活動を組合がしているからだ。それは全く当たり前の、また法的に認められたことだったにもかかわらず、百瀬校長はそれを憎悪し、他校ではありえないような弾圧、嫌がらせを加えたのである。しかし、私たちはそれを容認せず、たたかってきた。

このような弾圧の中で、私たちはなぜ頑張ってこられたのか。それは一言でいえば、教職員組合の仲間がいたからである。差別され、隔離されていたために、組合員の私たちは、この一五年間、家族より長い時間を共に過ごしてきた。いつも生徒のことを話し、教育について語り、若い教師たちをどう支えたらいいか、語り合ってきた。そう、組合員はみな、鶴川高校の生徒たちの教育に情熱を注ぎ、生徒も教師も大切にされる学校を目指して活動してきた。

この本の中で紙数を尽くしてきた野本香苗さん、村田智美さんのほかにも、素晴らしい教師たちが組合員として活動してきた。酒井真実さんは自身もプライベートでフルマラソンにチャレンジし続け、よさこいソーランの集団を運営しながら体育科の実践を切り開いた。音楽実践の渡邊紀子さんは、一貫して歌の先生についてレッスンをし、発表会をし、オペラも上演してきた。そういう底支えがあるからこその授業で、それは全日本教職員組合主催の「教育のつどい」でも報告され感動を呼んだ素晴らしい実践だった。自信がなく、逃げ続けた生徒のいる教室に訪ね、廊下でさっとスマホから伴奏を流し、生徒に歌のテストをし、たくさんほめてあげる――こんなことのできる音楽の先生は全国にいるだろうか。

長く組合委員長を務めた私と同い年の松山恵美さんも、社会科の授業の中で映像や生の資料をふんだんに使いながら生徒に十分に考えさせ、認識を深めさせる授業実践を一貫して繰り広げた。国語の授業の一環で松山さんにインタビューした生徒は、「鶴川の生徒たちはこれまで輝けるチャンスがなかっただけ。だからそこに光を当てたい」と松山さんが語ったことに感激して、「私の尊敬する人」というタイトルで発表し、それを聞いた生徒たちは「先生がそんなふうに私たちのことを考えてくれていると聞いて、ますます先生が好きになった」と語った。

板橋圭子さんは、野本さんとともに私にとっては共に国語教育を支えてきた同志であり、なおかつ、書記長、委員長として、組合活動の先頭に立ち続ける尊敬する同志である。みな、本当に力のある、そして気心の知れた、家族以上のつながりのある存在だ。

どんなときも私たちが握って離さなかったのは、生徒たちの教育を守る、ということだった。だからこそ、私たちは自ら鶴川高校を去ることをせず、たたかってきたのである。

若い教師たちは、私たち組合員と親しくすると、ひどいパワハラを受けたり、解雇されたりする。それでも私たちは、組合員ではない若い教師たちとも日々の教育活動では協力し、時には組合の活動や主張を堂々と伝えて訴え続け、思いを共有してきた。私たちにとっては一種の極限状態ではあったが、これは本当に意味のある、鶴川高校の、そして日本の教育にとって有意義な取り組みだったと誇りを持って言いたい。

しかし、若い教師たちが身を粉にして働く中、私たちは仕事をはずされてきた。百瀬和男校長は私たちに仕事を与えず、でも学校の勤務時間に校内にいることを強要した。だから、当面の仕事が何もないのに、学校にい続けるということが常態化したのだ。その最たるものが、夏休み、冬休み、春休みという、生徒が来ない長い休みだ。夏休み二か月、冬休み一か月、春休み一か月。生徒は来ない、仕事が与えられない。それでも、生徒たちのことを考えて私たちはすごす。そこで、例の生徒分析をしたり、学期ごとの授業のまとめをしたり、教材研究をしたりする。渡邊さんなら音楽室で歌の自主レッスンをし、酒井さんならグラウンドを走り、私なら生徒に配る本に卒業生の感想を貼り付けたりする。極限だからこそ、この時間をどう生徒のために使うかをいつも考え続けた。生徒に会えないから、仕事を取り上げられているからこそ本質が見えてくる、ひたすら生徒を思い仕事をする――そんな感じだった。

全国各地に鶴川のたたかいへの支援を訴えにいくと、「この状況でよく頑張っていますね。なぜこんなにひどい状況なのに、明るく元気なのか」といつも言われる。支援して下さる方たちにそんなふうに言われるたびに、私たちのしていることは意義があるのだと感じて、また元気が出る。私たちはそういう場でしばしば、自分たちのたたかいを描いた寸劇を行ってきた。それをみなさんが、泣いたり怒ったり、笑ったりしながら観てくださることで、自分たちのたたかいの意味を再確認できるのだ。

すでに述べたように、経済的な厳しさから辞めざるをえなかった同僚、ひどい学校運営に誇りを持てなくなり辞めていった同僚もたくさんいた。新しく採用された若い教師たちも無念な思いでたくさん辞めていった。そうした同僚教師たちの思いは本当によくわかる。できることなら辞めたくなかっただろう。その心情を思うといたたましい。そして、そうしたことの背景にある、百瀬校長の異常な学校運営を正さないことには、生徒が伸び伸びと学び、教師がそれを生き生きとサポートする鶴川高校を取り戻すことはできないと思う。だから断言する。組合も私もたたかうことをやめないだろう。学校があり、生徒がいる限り。

私は、このたたかいのさなかの二〇一三年三月、東京私立学校教職員組合連合（東京私教連）という私たちの組合の上部団体の中央執行委員となった。鶴川高校のたたかいの前進のために多くの人の協力を得ようというのが、役員となった当初の目的だったが、それだけでなく、大いに組合運動について学ぶこともできた。それが「明るく元気に」たたかう揺るぎない確信につながったようにも思う。また、鶴川高校の中で授業以外を取り上げられ、仕事をはずされていたが、東京私教連の活動で、われながら「水を得た魚のように」力を発揮できて充実していた。二〇一五年三月からの四年間は、東京私教連初の女性副委員長として、ますます夢中になって活動した。

あり得ない攻撃があるといつも私たちは、それを深刻に捉えるだけではなく、おかしな現実だと笑い飛ばした。隔離部屋を「バッテランド」と呼んだり、差別や攻撃も笑いのネタにして寸劇を上演し続けた。

異例の新年度

二〇一九年度末に二二人もの退職者が出てしまった（すでに述べたように退職した教員は二四人だったが、うち一人が非常勤となりもう一人は復職）。学校はその代わりに、一〇人の常勤講師と六人の非常勤講師を採用したが、本来必要な教員数にはとても足りない状況で、新年度がスタートすることになったのである。

私たちは新任の先生たちに最初からこの状況を伝えるとともに、この数年間に顕著になってきた一般教師に対する管理職によるハラスメントから新任の同僚たちを守るためにも、組合加入を攻勢的に訴えていこうと腹をくくった。

同僚に配布する「組合ニュース」で、四月一日、「期待に胸を膨らませて気持ち新たに登校してくる生徒たちを、全教職員で一緒に支えていく場、それが学校であるはずです」と訴え、前年度末の現実を包み隠さず伝えた。

「本日、このホームルーム指導教員室の中にたくさんの新任の先生方がいらっしゃいますが、それはとりもなおさず、昨年度でたくさんの先生方がやめていったということを表しています。昨年度の三学期、一月下旬になって、複数の先生が一人ずつ井田副校長から呼ばれ、今年度で期間満了だという通知をもらいました。つまり『雇い止め』（次年度の雇用を打ち切る）されたのです」。そして、先生を大切にしない事態に、保護者も声を上げていることを伝え、「一人ひとりの力は弱くとも、団結することで道が開かれる」と組合への加入を呼びかけた。

また、上司からのパワーハラスメントについて、過去の実例を具体的に挙げて注意を喚起した。「一人の教職員を大勢で取り囲み、叱責《しっせき》する」「副校長室・主幹教諭室に教職員を一人呼び出し、叱責する」「教職員の服装について、黒と紺と白しか着てはいけないなど、細かい制限を加える」「生徒の前で、教職員を怒鳴りつける」「生徒の持ち物の紛失を、教職員個人に弁償させる」「むやみに教職員にボディタッチをする」「出張の途中で教職員を自宅に招き入れる」。これらは犯罪であり、文科省、都の私学部も注視していると伝え、「もしそのようなハラスメントに遭ったり、見たりしたら、必ずメモするか録音をしてください。一人で悩まずに、ぜひ相談してください」と訴えた。

授業はずし、解雇……暴挙は何を示しているか

新型コロナウイルスの感染拡大の影響で、授業再開は六月になった。しかし、六月四日、突然授

業時間割が変更になると伝えられ、私と板橋さんは担当科目であった「国語演習」をはずされるという事態が起きた。

四月下旬、国語科主任から休校中の課題の作成を依頼されたので、持ち時間を教えてほしいと要望し、板橋さんと私が土曜日に第5章でもふれた「国語演習」を持つと知らされた。久しぶりに板橋さんとのコンビで「国語演習」を持てることになり、生徒たちの学びにどう寄り添うかを十分に考え、新聞などにも目配りし、板橋さんとは電話で打ち合わせしながら、準備を自宅で進めていった。六月四日に学校で、板橋さんと私は授業準備の最終打ち合わせをし、その後、生徒に配布するプリントなどを印刷し、自分のノートも作成して、後は生徒の名表（受講する生徒の名簿）をもらうだけ、というところまでこぎつけていた矢先の時間割変更だった。四日に配布された新しい時間割の国語演習担当者は、板橋さんと私ではなく別の教師になっていたのである。

選択している生徒たちには、五月の末に担当教師が誰であるかも明記された時間割が配布されていたので、何人かの生徒たちからは、「なんで変わっちゃったの？」と口々に尋ねられて「私もわからないの。でも力をつけるために頑張ってね」としか言えず、授業後に訪ねてきたある生徒は「先生、辞めちゃったのかと思ったよ」と言った。突然担当が変わったから、私が退職したのだと思ったのだろう。

私たちは突然に授業担当者を変更したことについて抗議するとともに、納得のいく説明を求めたが返答はない。授業を軽視し、学びをないがしろにし、生徒の学力向上に背を向けるこうした姿勢と、「管理職」が決めたことには問答無用で従えという独裁的学校運営の姿が如実に表れていた。

そして六月一五日、学園は松山恵美さんの解雇を強行――再雇用を拒否した。二〇二〇年に六〇歳を迎える他の組合員とともに、松山さんは、二〇一九年の七月に継続雇用の希望を学園に申し入れていた。しかし学園側は、二〇二〇年五月八日付で継続雇用拒否の回答を送付してきたのだ。酒井さんの場合と同じく、事実上の解雇である。

松山さんは一九八四年の着任以来三六年間、鶴川高校の豊かな学校づくり、学校の発展のために惜しみなく力を注いできた。長きにわたり担任業務も行い、授業、講座、部活動顧問、校務分掌、進路指導、各行事の準備などを通して生徒の成長を保障するために取り組んできた。経験豊かなこうした人材に、学校に残ってもらうことを多くの同僚や保護者も望んでいたが、鶴川高校はそれを無視し、しかも翌日朝には、松山さんの座席の机といすを撤去するという暴挙に出た。理不尽に解雇したうえでさらに嫌がらせ――こんな学校で人を育てることができるのだろうか。

松山さんの継続雇用拒否の撤回、村田さんや私の継続雇用などを求め、二〇二〇年七月二〇日、教職員組合は学園と団体交渉を行った。学園側はこの団交を、開始二分で不当な言いがかりをつけ打ち切り、その後の組合の申し入れにも返答しなかったため、組合は雇用をめぐる要求を軸として、八月七日にストライキを決行。保護者宛ての手紙を下校する生徒たちに配布して事態を伝えた。

この文章を書いている八月下旬、百瀬校長は学校に来るたび私たち組合員を呼び出し、懲戒処分の「訓告書」なるものを連発している。事実も曖昧《あいまい》で意味不明な不当な「訓告」であり、私たちは承服していないが、これは雇用継続を拒否するための「理由づくり」だろう。村田さんは九月二二日、私は一〇月二四日で雇用が打ち切られると予想される。

私はまさにこうした最悪の攻撃への告発・反撃として本書を上梓した。再雇用拒否については、東京都労働委員会に申し立て、東京地裁にも提訴する。たとえ解雇されても、鶴川高校にもどる日まで、私たちは司法の場でたたかい続けるだろう。

本書で縷々《るる》述べてきたように、百瀬校長を中心とした鶴川高校管理職の行動は、自己中心的で労働法や人権をふみにじるものであり、学校教育を壊すことにさえ結びついてきた異常なものだ。多くの生徒、保護者、教師、市民から批判の目が向けられている。百瀬校長らが、そのことを認め、真摯《しんし》な反省の上に態度を改めない限り、この学園にまともな未来は開かれない。

『夜と霧』(ヴィクトール・フランクル、みすず書房、一九八五年)という、ナチスによるアウシュビッツ収容所を生き抜いたユダヤ人の著書がある。その中に、「人は極限状態になると、ユーモアに救われる」とある。私たちが「明るく元気」にたたかえたのは、この笑いの力も大きい。それも、一人ではなかったからこそできたことである。

そのフランクルが、『夜と霧』の最後に語りかける言葉がある。「私たちは、このまま全員死ぬ可能性が高い。それでも、こうしてぎりぎりまで生きようと努力し続けたこと、それ自体に歴史的な意味がある」。フランクルは犠牲について、「この世では一見何の成果も得られないかのように見えるということは……略……犠牲の本質に属しているようなことであるが、しかし犠牲は意味を持つものだ」と語った。「この人間にとっては苦悩と死は無意味なのではなくて……犠牲として……最も強い意味にみちていたのである。……略……意味なくしてわれわれは苦しもうと欲しないのである。この究極の意味をこの収容所バラックの生活に与え、また今の見込みない状況に与えることが、私の語ろうと努めたことであった」。

私はこれを読んだ時に、シチュエーションは全く違うものの、とても共感した。これは私たちに向けて書かれた言葉ではないかとさえ思った。そうなのだ。絶望的に見えるこの現実で、たとえ解雇されたとしても、ここでたたかうこと自体に意味がある。

鶴川高校は、私がこの本で書き続けてきた本当に素敵な生徒たちのために、いつかきっと再生すると信じている。私はこのあきらめない生き方を肯定したい。そして私たちのたたかいを形に残すことで、「生徒も教師も生き生き元気、笑顔あふれる学校」を取り戻すまで、あきらめないたたかいを続けていきたいと強く、強く願っている。

本書の内容に関わる主なできごと

1961／4	鶴川高校の開設
1983／4	著者、鶴川高校に就職
1991／4	百瀬和男氏が理事長に就任
1993／4	鶴川高校教職員組合結成。この後、当時の組合委員長・森本由紀氏がクラス担任・卓球部顧問からはずされる。ほかにも三人の組合員がクラス担任をはずされボーナスを最大60％カットされた。
1998／2	組合差別をめぐる問題で東京都労働委員会（以下都労委）へ救済申立
1998／9	職員会議廃止される
2004／8	第1次賃金訴訟を組合が地裁に提訴
2005／4	百瀬和男理事長が校長を兼務。クラス担任はずしがさらに拡大され、影絵部などへの攻撃始まる
2006／4	部活動顧問はずしと部活動つぶし。「隔離職員室」が教室から遠ざけられる。
2007／5	第1次賃金訴訟地裁勝利判決。学園が控訴
2007／10	第2次賃金訴訟を地裁に提訴。組合差別の件で都労委が組合勝利の命令。学園は中労委へ不服申立
2007／11	教務規定改悪（教務指導規定）
2008／1	第1次賃金訴訟で高裁判決。組合勝訴が確定
2008／3	隔離職員室が異常に狭くされる（「バッテランド」）
2008／4	若い常勤講師の採用開始
2008／11	「立ち番」開始
2009／3	組合差別をめぐる問題で中労委から組合勝利命令
2009／4	「立ち番」裁判を組合が地裁に提訴
2009／4	「行事立ち番」開始
2010／2	第2次賃金訴訟、地裁判決（組合勝利が確定）

2011/2	組合員による校内見回り開始
2011/4	野本香苗さんの担任はずし事件起こる
2011/11	第3次賃金訴訟を地裁に提訴
2012/1	都労委に野本さんの担任はずしで申立
2012/10	「立ち番」裁判の地裁勝利判決。学園は控訴
2013/2	第3次賃金訴訟の地裁判決（組合勝利が確定）
2013/6	「立ち番」高裁判決。勝利確定。学園は1227万円の損害賠償を命じられる
2013/11	野本さんの担任はずし問題につき都労委が組合勝利の命令。学園は再審査を申立
2014/12	野本さんの担任はずし問題につき中労委が組合勝利の命令。学園側は行政訴訟を地裁に申立
2015/1	学園の中労委命令取消請求で組合勝利の地裁判決
2015/12	野本さんを担任にもどすよう求めて「緊急命令」を地裁に申立
2016/3	地裁が、野本さんを担任にもどすよう「緊急命令」を交付し、学園が命令履行へ
2016/4	野本さんがクラス担任に復帰
2016/6	地裁が学園の中労委命令取消請求を棄却。学園は高裁に控訴
2016/8	常勤講師の賃金差別について組合が地裁に提訴
2016/12	高裁が学園による中労委命令取消請求を棄却（組合勝利）。学園は上告
2017/7	最高裁が上告不受理を決定（確定）。学園は謝罪文の掲示・交付（ポストノーティス）
2018/3	学園が野本さんを雇い止め（事実上の解雇）
2018/10	野本さんが解雇について地裁に提訴
2018/12	野本さんが解雇について都労委に申立
2019/2	学園が酒井さんの再雇用を拒否
2019/3	酒井さんの継続雇用拒否と組合差別を都労委に申立
2019/12	常勤講師の賃金差別裁判、地裁判決（組合勝利が確定）
2020/6	学園が松山さんの再雇用を拒否
2020/8	松山さんが、継続雇用拒否について都労委に申立

三木ひろ子（みき　ひろこ）

東京学芸大学卒業。1983年より私立鶴川高校に勤務。国語教師。2013年から東京私立学校教職員組合連合中央執行委員、2015年からの４年間は同副委員長。個人的に1999年の旗揚げより劇団ラニヨミリに所属し、俳優「とのぎひろこ」として、相鉄本多劇場・ラゾーナ川崎プラザソルなどでの数々の上演作品に出演。

イラスト：荒木寛人

教師《きょうし》はあきらめない　かけがえない生徒《せいと》たちへ

2020年10月20日　初　版

著　者　三木ひろ子
発行者　田所　稔

郵便番号　151-0051 東京都渋谷区千駄ヶ谷4-25-6
発行所　株式会社　新日本出版社
電話　03（3423）8402（営業）
　　　03（3423）9323（編集）
振替番号00130-0-13681
印刷　亨有堂印刷所　　製本　光陽メディア

落丁・乱丁がありましたらおとりかえいたします。

ISBN978-4-406-06501-6 C0037　Printed in Japan